RAÍZES DA PSICOLOGIA

Dados Internacionais de Catalogação na Publicação (CIP)(Câmara
Brasileira do Livro, SP, Brasil)

Freire, Izabel Ribeiro
   Raízes da psicologia/Izabel Ribeiro Freire. 15. ed.
Petrópolis, RJ: Vozes, 2014.

   Bibliografia.
   8ª reimpressão, 2025.
   ISBN 978-85-326-1914-3

   1. Psicologia – História I. Título.

97-0822   CDD-150.9

Índices para catálogo sistemático:
1. Psicologia: História 150.9

IZABEL RIBEIRO FREIRE

RAÍZES DA PSICOLOGIA

EDITORA VOZES

Petrópolis

© 1997, Editora Vozes Ltda.
Rua Frei Luís, 100
25689-900 Petrópolis, RJ
www.vozes.com
Brasil

Todos os direitos reservados. Nenhuma parte desta obra poderá ser reproduzida ou transmitida por qualquer forma e/ou quaisquer meios (eletrônico ou mecânico, incluindo fotocópia e gravação) ou arquivada em qualquer sistema ou banco de dados sem permissão escrita da editora.

CONSELHO EDITORIAL

Diretor
Volney J. Berkenbrock

Editores
Aline dos Santos Carneiro
Edrian Josué Pasini
Marilac Loraine Oleniki
Welder Lancieri Marchini

Conselheiros
Elói Dionísio Piva
Francisco Morás
Teobaldo Heidemann
Thiago Alexandre Hayakawa

Secretário executivo
Leonardo A.R.T. dos Santos

PRODUÇÃO EDITORIAL

Anna Catharina Miranda
Eric Parrot
Jailson Scota
Marcelo Telles
Mirela de Oliveira
Natália França
Priscilla A.F. Alves
Rafael de Oliveira
Samuel Rezende
Verônica M. Guedes

Editoração e org. literária: Maria Helena M. da Silva
Diagramação: Sheilandre Desenv. Gráfico
Capa: Renan Rivero

ISBN 978-85-326-1914-3

Este livro foi composto e impresso pela Editora Vozes Ltda.

O mundo será cada vez melhor à medida que houver mais pessoas empenhadas em "restabelecer pontes sobre todas as fronteiras artificialmente criadas e mantidas pelo espírito humano, pontes sobre tudo o que divida os homens, atomize o seu coração e a vida" (Carta Magna da Universidade Holística Internacional).

Em memória de Odilon e Joaquina, meus pais, que apesar das dificuldades souberam construir na família, no momento certo, as pontes do amor, da honestidade e da união.

Aos meus irmãos, que tanto prezo.

Ao Alfredo, meu esposo, Ana Carolina e Rui Manuel, meus filhos, um carinhoso muito obrigada pelo apoio e constante incentivo.

ÍNDICE

Prefácio, 13

Introdução, 17

Parte I – A psicologia filosófica ou pré-científica, 23

1. Período cosmológico: os filósofos e as primeiras raízes da psicologia, 25

    Tales, 25

    Heráclito, 26

    Pitágoras, 26

    Anaxágoras, 27

    Demócrito, 28

    Quadro sintético do capítulo, 30

    Referências, 31

2. Período antropocêntrico da Antiguidade:
    os filósofos e as verdadeiras raízes psicológicas, 32

    Os sofistas, 32

    Os filósofos clássicos:

    Sócrates, 33

    Platão, 34

    Aristóteles, 37

    Outros filósofos:

    Os estoicos, 39

    Os epicuristas, 39

    Quadro sintético do capítulo, 40

Mapa da Grécia Antiga e colônias gregas na Ásia Menor, 41

Referências, 42

3. Período Teocêntrico: Idade Média – discussão de algumas raízes do período antropocêntrico, 44

A Patrística: Santo Agostinho, 45

A Escolástica: Santo Tomás de Aquino, 46

Quadro sintético do capítulo, 47

Referências, 48

Período pré-científico propriamente dito, 49

4. Fonte ou raiz científica: como a ciência colaborou para o desenvolvimento da psicologia, 51

Quadro sintético do capítulo, 54

Referências, 55

5. Fonte ou raiz filosófica: a influência das três correntes filosóficas na emancipação da psicologia, 56

5.1. O empirismo crítico, 56

Escola francesa:

René Descartes, 57

Escola britânica:

Thomas Hobbes, 59

John Locke, 60

George Berkeley, 62

David Hume, 63

Escola alemã:

Gottfried Wilhelm Leibniz, 63

Emanuel Kant, 65

Johann Friedrich Herbart, 66

O pensamento de Christian Wolff: uma antítese do empirismo crítico, 68

Quadro sintético do capítulo, 69

Referências, 70

5.2. O associacionismo britânico, 71

David Hartley, 72

James Mill, 73

John Stuart Mill, 73

Herbert Spencer, 74

Charles R. Darwin, 74

Alexander Bain, 75

Quadro sintético do capítulo, 76

Referências, 77

5.3. Materialismo científico, 77

Escola francesa:

Julien O. de La Mettrie, 78

Ettienne Bonnot de Condillac, 79

Pierre Jean Georges Cabanis, 79

Escola britânica, 80

Escola alemã:

Hermann Von Helmholtz, 80

Quadro sintético do capítulo, 81

Referências, 82

6. Tendências isoladas da época: desenvolveram-se fora do cenário das correntes científicas e filosóficas, 83

Psicologia do ato:

Franz Brentano, 83

Psicologia fenomenológica:

Carl Stumpf e Edmund Husserl, 84

Escola romântica e naturalista:

Jean Jacques Rousseau, 86

Quadro sintético do capítulo, 88

Parte II – O desabrochar da psicologia científica, 89

7. Os pioneiros e o pai da psicologia científica, 91
   Gustav Theodor Fechner, 91
   Wilhelm Wundt, 92
   Quadro sintético, 94
   Referências, 96
   A estruturação da psicologia no século XX: escolas psicológicas, 97

8. O estruturalismo, 99
   Edward Bradford Titchener, 99
   Referências, 101

9. O funcionalismo, 102
   John Dewey, 103
   James R. Angell, 104
   Harvey Carr, 105
   Referências, 106

10. O behaviorismo, 107
    Edward L. Thorndike, 107
    John B. Watson, 108
    Os reflexologistas russos:
       Ivan P. Pavlov, 109
    Os neobehavioristas:
       Burrhus Frederic Skinner, 111
       Robert M. Gagné, 112
    Referências, 114

11. A gestalt, 115
    Max Wertheimer, 115
    Kurt Koffka, 115

Wolfgang Köhler, 115

Kurt Lewin, 119s.

Referências, 120

12. A psicanálise, 122

Sigmund Freud, 122

O sistema freudiano, 123

Novas tendências da psicanálise:
Alfred Adler, 126

Carl Gustav Jung, 127

Referências, 128

Considerações finais, 129

Quadro sintético do livro, 136

Referências, 137

Prefácio

Quero expressar minha satisfação à Dra. Izabel Ribeiro Freire pelo privilégio de ter sido um dos primeiros leitores do seu livro, e pela generosa anuência da autora em escolher-me para prefaciá-lo.

Raízes da psicologia constitui um instigante convite ao leitor para se confrontar com as diferentes influências filosóficas na psicologia, sob um ângulo inovador.

Na parte final do seu livro, a Dra. Izabel Freire afirma que "com o decorrer do tempo, a psicologia se tornou uma árvore frondosa". É exatamente o conhecimento dessas "raízes" que nos possibilita compreender as razões pelas quais elas, plantadas em campo fértil, permitiram que essa bela árvore se tornasse frondosa e desse frutos.

A originalidade do presente livro é tanto de ordem conceitual, quanto do método de abordagem. A concepção que a autora tem da psicologia como um processo unitário é, sem dúvida alguma, um dos atributos da mais alta relevância. O conjunto das diferentes unidades trabalhadas no texto, longe de se constituírem elementos isolados e autônomos, interpenetram-se, e nessa reciprocidade se vão estreitando os elos unificadores desse processo.

A arte com que a autora trabalha as sutilezas conceituais inerentes a cada fase evolutiva da psicologia, para reintegrá-las num conjunto unitário, traz, como resultado, uma grande abertura à compreensão da psicologia. Assistido por um constante espírito de busca das "raízes" que perpassam os diferentes conteúdos da psicologia, ao longo do tempo, o leitor vai sendo posto em contato com a "infância" e o período de "turbulência" dessa ciência que, ultrapassando os estágios do pré-científico, firmou-se, definitivamente, como ciência autônoma.

A caracterização da fase científica da psicologia constitui o cerne dos conteúdos trabalhados pela autora. Afastado o preconceito cartesiano em função do qual a psicologia era vista como ciência da experiência "interior", ela põe em evidência os momentos em que os fenômenos psicológicos são apresentados e descritos dentro dos padrões da investigação científica.

Do ponto de vista do método de abordagem, a outra característica importante da obra que me apraz focalizar é a exploração, com raro talento, da vertente histórica da psicologia, em seu processo de tornar-se uma ciência autônoma.

Em linhas muito genéricas, o livro, que para todos os efeitos convém ser lido como uma introdução ao estudo da psicologia, põe em evidência as questões da psicologia em três momentos específicos: a fase pré-científica, a fase científica e a visão atual da psicologia. Todos os que lidam com o ensino e a prática da psicologia sabem quanto é difícil a tarefa da apresentação histórica da psicologia sem cair num lugar comum. Difícil é transmitir um pensamento original, aliado a um vigor intelectual, ao conseguir joeirar entre as múltiplas concepções possíveis, aqueles elementos que, de fato, lhe emprestam significado e importância e funcionam como elos unificadores da tessitura de uma disciplina concebida pela autora como um processo histórico unitário.

A autora aceitou o grande desafio de articular esse processo ao tentar fazer uma integração do conhecimento psicológico, mesmo se expondo à provocação de ter que deslindar os mistérios dos caminhos cruzados, de traçar pontes onde não se percebiam saídas, na harmonização de teorias, conceitos e visões da psicologia, em ritmos tantas vezes desconcertantes. A busca da harmonia e da coesão desses três grandes momentos é que constitui, em *Raízes da psicologia*, a grande inovação da autora. E o resultado do estudo, através de uma visão de conjunto da psicologia, ao longo do tempo, visão que a autora define como "sintética e abrangente", atesta a fertilidade do trabalho e o rigor do empenho empreendido.

Também me apraz pôr em realce a dimensão temporal e humana que se descortina à medida que as páginas do livro vão sendo desvendadas. Nelas, a história da psicologia se identifica com a história do homem, e, como ciência voltada para o estudo do homem, é a história da humanidade. Apesar da profusão de correntes, escolas e de nomes de cientistas e filósofos que desfilam ao longo do texto, sua essência não se restringe a estéreis discussões sobre teorias psicológicas: o eixo da obra é, sem dúvida alguma, o ser humano. A busca permanente de novos horizontes, na evolução da psicologia, tem como referência a compreensão do homem, em sua dimensão histórica.

E tudo isso é apresentado pela autora numa linguagem natural, simples, clara, quase familiar. Entretanto, embora abdique da sofisticação estilística elaborada, a informação ganha sempre a grandeza da precisão, e em momento algum perde a densidade que a reflexão científica exige.

Também não escaparam à sutil análise da autora os temas emergentes no âmbito das tendências da psicologia em nossos dias, como os modelos matemáticos, automação, a informática, as teorias cognitivas, as dinâmicas de grupo na escola e nas empresas, as várias correntes da psicologia genética e aplicada, que projetam *Raízes da psicologia* para contemporaneidade.

Como cresce, a cada dia, o número daqueles que buscam uma informação autorizada sobre a história da psicologia, o texto chega em boa hora como resposta às expectativas de todos aqueles que o vierem a ler.

Tenho certeza de que a leitura desta obra oportunizará uma visão mais plástica, flexível e rica de nuances da psicologia, na medida em que esta se tornar mais conhecida e compreensível para os leitores.

No momento em que na agenda nacional a informação, a reflexão e a crítica despontam como elementos básicos na discussão para construção da cidadania, é mais do que apropriado que este livro se torne acessível a um público cada vez mais amplo e interessado nas questões da psicologia. Possa a leitura de *Raízes da psicologia* transformar-se numa colheita de bons frutos, muito proveitosa para os leitores.

José Pires (Doutor em ciências da Educação pela Universidade de Paris e atual professor no curso de Pós-graduação da UFRN)

Natal, 17 de maio de 1996.

Introdução

O estudo da história da psicologia tem muitas razões para se colocar como imprescindível e fundamental para todos os que desejam obter conhecimento em qualquer área dessa ciência. É básico, principalmente para os que vão iniciar-se nesses estudos. Não se pode construir uma casa começando-se pelo teto. Há etapas que devem ser respeitadas se se quiser obter êxito. É assim para o estudo da psicologia. A história vai fornecer os alicerces, as raízes em que será construído esse conhecimento. Na sua falta, ele será, no mínimo, superficial, podendo ser também confuso e sincrético. De posse desses subsídios, será possível obter melhor compreensão e discernimento de suas emaranhadas linhas e correntes, possibilitando uma visão mais consciente do seu contexto geral. Vem daí a importância desse estudo, que, ao fornecer essa base, esses fundamentos, abre as portas e acende uma luz, para uma caminhada mais segura nos domínios da psicologia.

A grande meta deste trabalho foi alcançar, de forma sucinta, toda a evolução da psicologia, buscando as raízes, que forneceriam os subsídios indispensáveis à sua compreensão. Dada a complexidade e extensão do tema, fez-se, para cada período histórico, uma seleção dos assuntos e dos autores. Para a apresentação dos temas, optou-se por uma forma cronológica, visto ser essa a abordagem mais simples e objetiva. Serão seguidas as etapas clássicas da história: Idade Antiga, Média, Moderna e Contemporânea. O tema será, no entanto, dividido em duas grandes partes: a primeira é a fase filosófica ou pré-científica, e a segunda é a fase científica.

1ª Parte – Fase filosófica ou pré-científica, que vai do século VI a.C. até 1879. Esta fase apresenta, por sua vez, dois momentos distintos: o primeiro engloba a Idade Antiga e Média, e o segundo inicia-se com a Idade Moderna e vai até o despontar da psicologia científica. O primeiro caracteriza-se por ser essencialmente filosófico e está dividido em três períodos: *o cosmológico, o antropocêntrico e o teocêntrico*. Foi nos períodos cosmológico e antropocêntrico que despontaram as primeiras raízes da psicologia. O período que se inicia com a Idade Moderna, embora filosófico, possui características peculiares, é mais conciso, mais objetivo e foi favorecido pelo desenvolvimento das outras ciências. Apresenta-se como uma semente (que já tem raízes) naquele estágio de desenvolvimento em que se vai dilatando, inchando, pois está gerando no seu interior a planta que vai desabrochar. Foi o que aconteceu: a psicologia adquiriu maturidade no seu interior e pôde desabrochar como ciência autônoma. Daí esse período ser denominado de pré-científico, propriamente dito, pois antecedeu o científico. Duas correntes de pensamento conduziram e unificaram os estudos até atingir esse ponto. Foram elas: a corrente científica e a filosófica. A científica mostra como a ciência colaborou nesse processo. A filosófica é composta de três tendências: o empirismo crítico, o associacionismo e o materialismo científico. Cada uma, dentro de suas perspectivas, forneceu subsídios para dar consistência ao pensamento psicológico, sendo decisivos na sua emancipação.

Em toda essa fase filosófica e pré-científica, o trabalho consistiu em identificar as possíveis raízes que gerariam a psicologia, acompanhar o seu desenvolvimento e desdobramento, as controvérsias provocadas por elas e as correntes de pensamento que surgiram a partir dessas diversidades. Ressaltaram-se ainda as influências que essas raízes exerceram e que receberam nesse processo de desenvolvimento, pois cada fato é tributário do seu tempo e do lugar. Dessa forma, foram feitos os elos existentes entre os diversos fenômenos e períodos, realçando a dinâmica das suas transformações, dentro de uma discussão tanto quanto possível dialética. As ideias foram estudadas juntamente com os seus autores, aqueles julgados os mais representativos. É sabido que qualquer escolha, por mais objetiva que seja, depende do enfoque, das peculiaridades e da posição em que se encontra o autor.

Referiu-se, também, nessa fase, a alguns filósofos, que compuseram o cenário do final do século XIX, e constituem-se em correntes isoladas, dado que não se enquadram em nenhuma tendência daquele momento, sendo, também, distintas da psicologia wunditiana. Foram importantes porque influenciaram, a posteriori, as grandes escolas psicológicas do século XX e a psicologia em geral. São eles: Franz Brentano com a sua psicologia do ato, Carl Stumpf e Edmund Husserl com o método fenomenológico, e Jean Jacques Rousseau com o seu romantismo e naturalismo. Com esse quadro, encerra-se a fase pré-científica.

2ª Parte – Fase científica. Seu estudo compõe-se de duas etapas: o nascimento da psicologia científica e a sua posterior sistematização com as escolas psicológicas do século XX. Para alguns, a psicologia científica surge com a psicofísica, em 1860, quando Fechner publicou sua obra *Elementos de psicofísica.* Nessa data conseguiu-se, pela primeira vez, fazer medidas precisas de fenômenos e quantidades mentais, mostrando o relacionamento das quantidades psíquicas com as físicas. Outros autores consideram que a emancipação da psicologia se deu, com Wilhelm Wundt, em 1879. Essa é a data da criação do primeiro laboratório de psicologia experimental, fundado em Leipzig, na Alemanha. Considerando-se qualquer das duas datas, a psicologia é uma ciência nova, porém muito fértil. É isso que será demonstrado nesta primeira etapa da fase científica.

Dentro da fase científica enquadrou-se, ainda, o estudo das chamadas escolas psicológicas do século XX, que surgem como ramificações ou tendências do tronco formado pela psicologia científica, estruturado por Wundt. No início desse século, surgiram cinco tendências, sistemas, ou escolas: *o estruturalismo, o funcionalismo, o behaviorismo, a gestalt e a psicanálise.* A primeira metade do século XX ficou conhecida como a era das grandes escolas.

Nas considerações finais, fez-se um apanhado do histórico da psicologia e um breve relato de suas características na segunda metade do século XX, ou seja, a psicologia da era pós-escolas. Essa fase caracteriza-se pela sua grande diversificação. As pesquisas e os interesses, ao mesmo tempo em que se multiplicaram, diversificaram-se ao ponto de ser impossível conservá-los em grandes blocos. Era o mundo científico que crescia, que explodia. Iniciava-se, assim, uma nova era: a era das especializações e dos minissistemas como, por exemplo, o da psicologia da personalidade, da criança, da sociedade etc.

O presente trabalho baseou-se numa pesquisa bibliográfica em que foram utilizadas fontes primárias e secundárias.

A obra é dirigida a todos aqueles que desejam fazer uma introdução ao estudo da psicologia, ou ter uma visão geral da sua história. Por ser sintética, não é adequada para aqueles que desejam fazer um aprofundamento do tema. Destina-se, principalmente, aos alunos da Universidade, dos cursos de Pedagogia, das didáticas, da pós-graduação etc., que, normalmente, antes de iniciarem o estudo da psicologia aplicada, fazem uma pequena abordagem do estudo da história da psicologia. Aliás, foi nesse contexto que o trabalho teve a sua origem. O mesmo começou a ser elaborado para suprir as necessidades bibliográficas básicas das turmas que iniciavam o estudo da psicologia da aprendizagem, no curso de Pedagogia da Universidade Federal do Rio Grande do Norte. O texto trabalhado na Universidade foi revisto e nele foram processadas alterações consideradas necessárias. Como resultante surgiu o presente livro.

Há muitos estudos na área, mas são extensos, tornando impraticável o seu uso, nas circunstâncias para as quais este está dirigido. Faltava, pois, um trabalho que fosse, ao mesmo tempo, sintético e abrangente e que, portanto, pudesse preencher essa lacuna.

Antes de se iniciar a apresentação do conteúdo proposto, é necessário que se dê uma palavra sobre o termo psicologia.

Etimologia da palavra psicologia: vem do grego *psyché* e quer dizer sopro de vida, alma. *Logos*, do grego, quer dizer ciência, estudo. Etimologicamente, então, psicologia significa o estudo da alma.

Para muitos, o termo psicologia foi usado, pela primeira vez, por Felipe Melanchton, em suas lições nas Universidades alemãs, já na primeira metade do século XVI. Por volta de 1600, Goclênio teria utilizado o termo, na imprensa, para designar um conjunto de conhecimentos filosóficos sobre a alma e suas manifestações. Outros autores afirmam que, por mais clássica que seja, a palavra psicologia só surgiu no século XVIII ou, mais precisamente, em 1734,

RAÍZES DA PSICOLOGIA – QUADRO SINTÉTICO

Psicologia Filosófica ou Pré-Científica																Psicologia Científica		
IDADE ANTIGA						IDADE MÉDIA									IDADE MODERNA	IDADE CONTEMPORÂNEA		
PERÍODO COSMO-LÓGICO	PERÍODO ANTROPOCÊNTRICO					PERÍODO TEOCÊNTRICO									PERÍODO ANTROPOCÊNTRICO			
Busca entender e explicar o cosmo	Preocupação: Conhecer o homem – seus processos mentais – sua integração social					Preocupação: Submeter o saber à fé cristã									Reação à tendência dogmática do pensamento	Nasce a psicolo-gia 1879	Reestrutu-ração da psicologia	
VI a.C.	IV a.C.			I		V									XV	XVIII		XX..

quando Christian Wolff empregou o termo para designar uma disciplina, então fazendo parte da filosofia, a psicologia *Racionalis*. Essa disciplina era aquela parte da Filosofia que estudava a "natureza e as faculdades da alma". Ficou assim conhecida como ciência da alma e ciência da consciência. Ao longo da história, recebeu muitas outras definições. A definição que é quase consensual nos dias de hoje data do século XIX. Watson definiu-a como "ciência do comportamento". A filosofia, na Antiguidade, era a ciência por excelência e incorporava todas as ciências, incluindo, assim, a psicologia. Isso, apesar de a filosofia usar, como ferramenta, para as explicações dos fenômenos científicos, apenas o raciocínio lógico e não o método científico. A Idade Moderna veio trazer, com o aparecimento do método científico, a autonomia das ciências. No que concerne à psicologia, isso só veio a acontecer na Idade Contemporânea, final do século XIX.

PARTE I

A PSICOLOGIA FILOSÓFICA OU PRÉ-CIENTÍFICA

1. Período cosmológico: os filósofos e as primeiras raízes da psicologia (Idade Antiga)

A Grécia, como se sabe, foi o berço da civilização ocidental. Um dos fatores que justifica essa afirmativa consiste no fato de ter sido lá que se iniciou o estudo da filosofia que dominou em todo o Ocidente. A psicologia, como já se disse, fazia parte da filosofia, e como é natural teve lá, também, sua origem, pois o seu estudo iniciou-se com o estudo da filosofia. Os primeiros filósofos conhecidos surgiram por volta do século VI a.c., nas colônias gregas da Ásia Menor (hoje parte é a Turquia), num período denominado cosmológico, pois a preocupação da época era entender e explicar o cosmo, saber de que matéria era feito, buscar o princípio e a lei que regia o universo que até então era concebido mitologicamente. Partiam do pressuposto que o cosmo era um composto de partes ou a mistura de elementos simples. Dessa forma, o mundo só seria compreendido se se conseguisse encontrar a unidade ou o elemento mais simples do universo. Para eles, tudo o que era complexo constituía o mundo das aparências, enquanto a verdadeira realidade era a unidade simples, que era a fonte dos mundos, das estrelas, dos planetas, dos animais e dos homens. A essa maneira, ou método de buscar a verdade, ou causa, ou princípio, reduzindo o complexo ao elemento mais simples, deu-se o nome de elementismo, atomismo, monismo, e é utilizado, ainda hoje, pelas ciências. A seguir, serão analisados alguns filósofos do período, que é também denominado de pré-socrático.

Tales[1] (640-548 a.C.) de Mileto foi o primeiro expoente do período cosmológico. Preocupado com o movimento e transformação das coisas, buscou um princípio único ou substância fundamental que

---

1. Geômetra, astrônomo, físico, político e comerciante. Fundou a Escola de Mileto, que é considerada o marco fundamental da mudança da mentalidade mítica para "científica", muito embora seus métodos fossem inteiramente racionais. É um precursor da ciência e da filosofia grega e ocidental. Quanto às obras de Tales, como às dos outros pré-socráticos, só restam fragmentos encontrados na doxologia.

permanecesse estável apesar das mudanças. Para ele, essa substância era a água, elemento encontrado na maior parte dos componentes do reino mineral, vegetal e animal, pois, se a água nutre todos os seres vivos, é possível que ela lhes tenha dado origem. A água é o princípio de toda a natureza úmida. Teve, assim, uma tendência elementista ao identificar a água como elemento presente em todos os seres vivos, mas não encontrou a unidade fundamental do universo. Seu pensamento talvez estivesse influenciado pelo mito oceânico (*okéanos*: pai do mundo).

Heráclito[2] (540-475 a.C.) de Éfeso também percebia a dificuldade de reduzir o mundo a um elemento simples. Observava que o mundo estava em constante mudança, num constante devir, e que o permanente era, apenas, ilusão de nossos sentidos. Dava mais ênfase ao processo, à dinâmica e não ao elemento estático. Tudo no universo, com o tempo, se transforma em seus opostos. Considerava a "guerra como a mãe e rainha de todas as coisas". O conflito, a luta e a contradição são considerados a própria essência do devir (dialética).

Sua contribuição para a psicologia, mesmo para aquelas correntes que reduzem o que é complexo às suas unidades (elementistas), foi muito importante no sentido de lembrar sempre, ao psicólogo, que ele não trabalha com unidades fixas, mas com processos mutáveis, onde a variação é inevitável. William James, que será estudado *a posteriori* (escola funcionalista), afirma, como Heráclito, que não se pode experimentar a mesma coisa duas vezes. Heráclito encontrava no fogo o elemento básico do universo, sendo este o agente de mudança. Não encontrava, no cerne do universo, nenhuma substância duradoura.

Pitágoras[3] (570-496 a.C.) de Samos: "O ser permanente que a filosofia buscava encontrava-se nos números". Isto é, o número é a

---

2. Foi muito lembrado em toda a história, ora para ser contestado como no caso de Platão e Aristóteles, ora para ser aceito pelas mais distintas correntes de pensamento: foi considerado cristão por Justino, o mártir; retomado por Hegel e considerado o pai do materialismo dialético por Lenin. Escreveu: *Da natureza*, obra da qual só restam fragmentos divididos em três partes: o universo, a política e a teologia.

3. Circulou em vários campos. Foi filósofo, passou pela música, cunhando o conceito de harmonia no sentido de ajustamento ordenado das partes; foi astrônomo; estudou as artes médicas e principalmente destacou-se como matemático. Foi o fundador da numerologia. Admite-se que Pitágoras não deixou nenhum trabalho escrito. A exposição de suas ideias foi feita por Filolau.

essência permanente das coisas. Diante das coisas mutáveis da experiência, os conceitos matemáticos são intemporais e imóveis, e expressam as relações fixas e numéricas das coisas, dentro de uma ordem rítmica. Assim, a essência permanente do mundo encontrava-se nos princípios matemáticos. Procurava descobrir, a partir daí, a ordem permanente que regia o mundo. Para os pitagóricos, essa ordem ou essa lei permanente, que prevalecia no cosmo físico, deveria prevalecer nas relações humanas e na educação. Esse princípio levou a uma pedagogia dogmática do *magister dixit* (autoridade científica que não se discutia) e a um estatismo pedagógico e social. Caberia ao Estado exercer o poder supremo de orientar a educação. Desta feita, a ordem no universo, bem como a "ordem" social, seriam sempre mantidas. É o conceito de harmonia, central ao seu sistema, que ele aplicava à vida humana: harmonia do corpo e alma, de pais e filhos, de família e Estado, de Estados entre si.

Pitágoras sustentava a existência de uma alma imortal, distinta do corpo, ao qual preexiste e no qual se encarnava como em uma prisão. Representa o primeiro a tentar apreender o conteúdo inteligível das coisas e, como tal, precede o mundo das ideias de Platão.

A tentativa de conhecer o mundo em termos quantitativos foi de muita importância. Esse é o procedimento das ciências, no sentido de obter um conhecimento mais exato dos fenômenos. Na psicologia, o uso dos métodos quantitativos foi um dos fatores decisivos para fazer dela uma ciência.

Anaxágoras[4] (499-428 a.C.) de Clazômenas tentou, também, explicar o universo. Não foi elementista no sentido de encontrar um elemento único que fosse a sua unidade, mas admitia a existência de uma diversidade de elementos, as homeomerias ou sementes que trariam em si o gérmen das coisas. Essas sementes estariam contidas no magma (massa natural) original e foram separadas por uma

---

4. Sua visão metafísica da natureza, vista como conjunto de coisas diversas que procedem de um mesmo princípio e que a ele retornam, mais o reconhecimento de uma inteligência ordenadora no universo, influenciaram muito os filósofos do período clássico: Sócrates, Platão e Aristóteles. É o que se vê nas obras de Platão: Fédon, Filebo e Timeu; e Aristóteles: *Física, Da alma, Metafísica* e *Ética a Nicômaco*. Sua doutrina levou Aristóteles a dizer que o filósofo de Clazômenas era o único com bom-senso.

inteligência ordenadora. Dizia que "tudo está em tudo, pois em cada coisa há uma parte de todas as outras". Sendo assim, o cerne da questão era saber como se uniam e como se relacionavam esses elementos, cujas transformações e mudanças seriam mecânicas. O que vai designar a diversidade dos seres é a disposição e a combinação dos elementos no todo. Afirmava, no entanto, que o primeiro impulso que determinou a reunião dessas partículas, para gerar as coisas e os seres, não foi o resultado de uma causa cega, como afirmavam os atomistas, mas um ato da razão divina (*nous*), pois o mundo não poderia sair de sua inércia a não ser através de uma força que fosse distinta dele, que lhe fosse transcendente e superior. Assim, concebia a presença de um espírito ordenador do universo, espécie de inteligência ou razão. Não dava a esse elemento um significado puramente imaterial, pois admitia que ele atuava sob a forma de um fluido universal. Esse fluido agia por toda a parte, animando tudo o que tinha vida: plantas, animais e homens, havendo uma diferença apenas de intensidade na atuação sobre essas diversas formas de vida.

A sua contribuição para a psicologia moderna está no fato de ter dado atenção ao processo psicológico, enquanto relatava as suas reflexões sobre o universo e enquanto protestava contra o reducionismo ou elementismo. A valorização dada, por ele, à disposição e ordem dos elementos no todo, por exemplo, são aspectos que fundamentarão a Gestalt, uma das escolas psicológicas do século XX.

Demócrito[5] (460-370 a.C.) de Abdera, foi o verdadeiro e último elementista do período cosmológico. Considerava que o universo era composto de átomos materiais indivisíveis, que se distinguiam pela forma, pela ordem, tamanho e posição, e que se moviam constantemente e de várias maneiras. As pessoas eram constituídas de

---

5. Um dos iniciadores do atomismo. Tomando o átomo como elemento fundamental da natureza, tentou explicar a sua origem, eliminando todo o aspecto mítico. Demócrito escreveu numerosos trabalhos de caráter enciclopédico dos quais restam apenas fragmentos. Sua teoria foi transmitida ao Ocidente através de Epicuro e Lucrécio nos séculos IV, III a.C. e I. Na Idade Média, foi esquecido, retornando à cena a partir do século XVII.

átomos de alma e de átomos do corpo, qualitativamente idênticos, porém, os átomos do corpo possuíam um movimento mais lento. A alma, sendo constituída de átomos, estava sujeita à decomposição e à morte. Para ele, os átomos moviam-se de acordo com uma necessidade ou lei "rígida e cega" e os movimentos que unem e separam os átomos são puramente mecânicos. Criou, assim, o primeiro e grande sistema materialista da Antiguidade, sendo marcado também pelo determinismo. Considerava que os pensamentos e atos do homem, bem como todos os acontecimentos de sua vida, eram determinados por agentes externos, de "forma tão rígida como o curso das estrelas". Completando esse pensamento, dizia que a natureza se explica por si mesma, não tem causa primeira, como afirmava Anaxágoras, e existe desde toda a eternidade.

Salientou, assim, o papel dos estímulos externos na determinação do comportamento e a questão do determinismo, em contraposição ao livre-arbítrio. Pontos que foram retomados pelos behavioristas. Esses entendem que o comportamento é controlado por forças externas que se impõem ao homem e, dessa forma, não lhe dão o controle de suas próprias ações.

O seu pensamento é marcado por uma visão estática e predeterminada do mundo e da sociedade. Demócrito desenvolveu, portanto, a primeira psicologia materialista lógica, distinguindo o psíquico do físico através da diferenciação da quantidade dos movimentos dos átomos. Propôs, também, uma teoria da percepção. Rubinstein comenta que, segundo essa teoria, nos nossos órgãos sensoriais penetram uns átomos pequeníssimos, vindos das coisas. Esses átomos representam as imagens (*deidola*) das mesmas coisas.

Esses são os aspectos principais do pensamento cosmológico. O filósofo que mais representou o período foi Demócrito, como atomista e verdadeiro elementista e reducionista. Tales, Heráclito e Anaxágoras, embora com tendência elementista, não identificaram um elemento que estaria à base da formação do universo. Os elementos simples que encontraram (água e fogo) serviram para explicar um ponto de partida e não um ponto estático do universo. Pitágoras, por sua vez, encontra nos números o elemento estável. Nesse período também se identificou algo imaterial no

PERÍODO COSMOLÓGICO – Séc. VII-IV a.C.

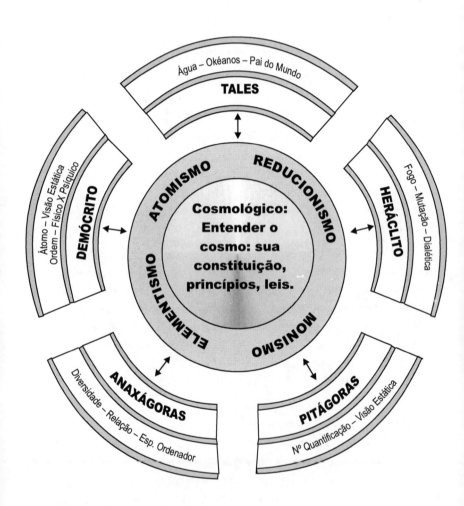

universo (metafísica) que seria o primeiro passo para se chegar a questões propriamente psicológicas. Deu-se início à quantificação. A discussão central do período foi sobre o elementismo que teve seus adeptos e seus opositores. Pode-se dizer que a psicologia nasce com a cosmologia.

A partir daí, vieram os sofistas, que deslocaram o objeto de suas especulações do mundo para o homem. Fizeram brotar, assim, a fase antropocêntrica que dá um direcionamento totalmente novo ao pensamento grego (humanismo). No momento em que os problemas humanos passam a ser investigados, vão surgindo questões específicas de ordem psicológica.

Referências

Para se fazer um estudo aprofundado do capítulo, consultar:

BECHER, Idel. *Pequena história da civilização ocidental.* São Paulo: Cia. Editora Nacional, 1970.

BURNS, Edward McNall. *História da civilização ocidental.* Porto Alegre: Globo, 3 vols. 1968.

Enciclopédia Mirador.

HEIDBREDER, Edna. *Psicologias do século XX.* São Paulo: Mestre Jou, 1981 [Tradução da 5ª edição: Laura S. Blandy].

LARROYO, Francisco. *História geral da pedagogia.* São Paulo: Mestre Jou, 1970 [Traduzido do espanhol por Luiz Aparecido Caruso].

RUSSELL, Bertrand. *História da filosofia ocidental.* São Paulo: Cia. Editora Nacional, 1967.

2. Período antropocêntrico da Antiguidade: os filósofos e as verdadeiras raízes psicológicas

O "como conhecemos" é uma das primeiras e centrais questões desse período. O "como podemos conhecer" vem logo a seguir. Foram questões, a princípio, de ordem epistemológica que, com o tempo, se transformaram em psicológicas.

Os sofistas

Os primeiros pensadores a se ocuparem com essas questões foram os sofistas. Estes eram professores ambulantes que percorriam as cidades, ensinando as ciências e as artes aos jovens, com finalidade prática. Tentavam substituir a educação tradicional que visava formar guerreiros e atletas por uma educação direcionada à formação do cidadão. Daí ter sido uma tarefa revolucionária, pois ensinava o cidadão a exercer uma função crítica. A eloquência ocupava lugar de destaque nesse ensinamento. A nova forma democrática do Estado grego exigia, do político, destreza para dissertar e eloquência para convencer as massas. Para atender a essas novas relações sociais surgiu esse novo tipo de mestre, cuja função não se esgota com a retórica, ou seja, a arte de bem falar, mas se estende até à busca de conclusões racionalmente aceitas. Larroyo denominou o período de iluminismo grego.

Para os sofistas, jamais se pode estar seguro de que se conhece alguma coisa, pois onde buscar os critérios para saber se algo está certo ou errado, é falso ou verdadeiro, é mau ou bom? Qualquer critério aceito seria arbitrário. Protágoras e Górgias são os mais importantes representantes dos sofistas.

Os filósofos clássicos

Sócrates[1] (436-336 a.C.) de Atenas, Grécia, é muitas vezes confundido com os sofistas. Foi um dos mais conhecidos filósofos gregos. Dedicava-se à educação da juventude. Ensinava que o conhecimento do meio que nos cerca é imperfeito, porque nos vem através dos sentidos, via imperfeita, sujeita a ilusões. Acreditava que um único tipo de conhecimento podia ser obtido: o do próprio eu. Esse conhecimento é o único necessário, pois permite ao homem levar vida virtuosa. "Conhece-te a ti mesmo" é o seu princípio e um método filosófico (introspecção).

Para Sócrates, o fim da filosofia é a educação moral do homem. O reto conhecimento das coisas leva o homem a viver de acordo com os preceitos morais, pois quem sabe o que é bom também o pratica. Dessa forma, o sábio não erra. A maldade é o resultado da ignorância, enquanto a virtude o é do saber, sendo que a virtude é a própria felicidade. Assim, tanto a filosofia como a psicologia socrática estão intimamente relacionadas com a ética. A pedagogia de Sócrates não abusava da técnica da palavra e da retórica e não impunha ideias, mas através do diálogo crítico procurava descobrir a verdadeira essência das coisas.

O seu procedimento didático partia do princípio "sei que nada sei". Em outras palavras, a sua sabedoria consistia em ter consciência de sua própria ignorância. Ter consciência que não se sabe é o ponto de partida da ciência e do conhecimento. Com sua hábil argumentação e através do diálogo, fazia com que as pessoas percebessem como as suas ideias, sobre os diferentes assuntos, eram confusas e contraditórias (ironia). Essa argumentação deveria levar, a posteriori, a um conhecimento claro das coisas. Isso era feito por meio de um questionamento e da indução de casos particulares, até se chegar a uma generalização dos conceitos. Com isso, achava ele que dava à luz um conhecimento claro. Daí, seu método chamar-se maiêutica, inspirado na profissão de sua mãe (parteira).

---

1. Pelo que se tem conhecimento, Sócrates nada escreveu. Seu pensamento foi revelado através de Platão e Xenofonte.

Sócrates foi um crítico das tradições, dos usos e costumes da época, do próprio regime democrático, da religião, da antiga ciência física, provocando uma verdadeira revolução, que não só influenciou a filosofia grega como todo o pensamento filosófico ocidental e que, também, lhe custou a vida.

Platão[2] (427-347 a.C.) de Atenas, Grécia, foi o mais ilustre aluno de Sócrates e também seu intérprete. Acreditava, como este, que o conhecimento que nos vem dos sentidos é imperfeito e acrescenta a esse conceito a existência de um reino das ideias que é o permanente e o perfeito, o qual existe fora do homem e é independente dele. Embora essas ideias pertencessem a um outro mundo, seriam inatas no homem. Platão explica que a alma antes de se encarnar contemplou esse mundo das ideias, mas, ao unir-se ao corpo, porém, esquece-se delas, pois o corpo é um obstáculo ao conhecimento. A experiência, então, deve trazê-las de volta à consciência, cuja responsabilidade do processo seria da educação. Conhecer seria, assim, um processo de lembrar o que está dentro e não de apreender o que está de fora. O mundo material é apenas uma cópia imperfeita desse mundo ideal. Platão percebeu, como Heráclito, que tudo o que é real se encontra em constante mutação. Só o mundo das ideias é perfeito, imutável e eterno. Essa seria a teoria da reminiscência.

Esse filósofo também distingue, no homem, um mundo imaterial que seria a mente. O homem seria um ser dualista composto de mente x corpo. Essa visão é considerada a raiz mestra da história da psicologia, pois será retomada em todo o percurso da história e dela surgiram muitas outras pequenas raízes ou questões.

Depois de estabelecer a distinção entre mente e matéria, Platão associou a esses dois termos um conjunto de valores opostos. A mente foi identificada com o belo e o bem, enquanto a matéria representava a parte inferior do homem e do universo. A alma seria imortal, mas, unida ao corpo, teria três partes: uma sensual, ligada

---

2. Foi um grande escritor. Deixou muitas e importantes obras, geralmente escritas em forma de diálogo e que influenciaram e influenciam, ainda, os mais diversos pensadores. Destacam-se: *Sobre a natureza do homem*; *Apologia de Sócrates*; *O Banquete*; *A República*; *Górgias*.

às necessidades corpóreas; outra ligada aos afetos, impulsos e emoções, e a terceira, a racional, que inclui a inteligência e a vontade livre. Essa divisão seria o que mais tarde foi chamada de faculdades da alma. Como consequência desse princípio, a sociedade ideal teria três categorias de homem:

1) a dos servos ou escravos – onde estariam também incluídos os industriais, os comerciantes e os agricultores, responsáveis pelo sustento, ocuparia a parte inferior da sociedade, pois exerceria apenas funções ligadas à satisfação das necessidades orgânicas – a virtude característica desse grupo seria a temperança;

2) a dos soldados – homens da emoção, da coragem e do coração, ocuparia o segundo lugar na escala social, e a fortaleza é o seu grande distintivo;

3) por fim, estaria o intelectual, o homem das ideias e da razão – esse é o que deveria governar, seria o soberano – para isso, deveria ter sabedoria e prudência, sem esquecer a justiça, pois é esta que vai assegurar a harmonia nas relações dos indivíduos e das classes.

Porém, a filiação a essas classes não seria determinada por nenhum espírito de casta, mas pela educação. A esta caberia o papel de descobrir e desenvolver as aptidões do indivíduo, filiando-o à classe que a natureza o destinou. Já nessa época, Platão reconhecia as diferenças individuais e reconhecia a necessidade de uma educação liberal, democrática, dando oportunidade a todos. Fazia-se, dessa forma, uma seleção social baseada na aptidão e não na situação econômica do indivíduo, como se faz atualmente, principalmente nos países onde não há igualdade de direitos.

A tendência de supervalorizar o intelectual e desvalorizar o que é material trouxe repercussões muito sérias para toda a sociedade ocidental. Criou-se uma mentalidade intelectualista, aristocrática, onde as letras, as artes, a filosofia e todo trabalho que só ocupasse a mente seria nobre, valorizado e, portanto, símbolo de cultura, inteligência e finesse. Em contraposição, o trabalho com a matéria, aquele em que se utiliza as mãos, é desvalorizado e símbolo da classe inferior. Nessa época, ainda não tinham resolvido o problema da interação corpo x alma, daí a visão fragmentada da ação humana. Era como se as mãos trabalhassem independentes e sem interferência da mente, uma consequência da visão dualista do homem. Não o viam como um todo unificado, mas como um ser formado de duas partes distintas: corpo e alma.

Diante dessa realidade, os conteúdos intelectuais, ditos humanistas, foram privilegiados na educação, proliferando, assim, as escolas acadêmicas que formavam o *Homo Sapiens*, em detrimento do *Homo Faber*, cuja aprendizagem era manual, técnica e profissional. Na sociedade de hoje, essa visão dualista já foi revertida, principalmente nos países de Primeiro Mundo, em que a elite intelectual é formada principalmente pelos cientistas, aqueles que põem a mão na massa.

Dessa visão dualista da filosofia platônica, identificando dois mundos – um perfeito, o mundo das ideias, o espírito pensante no homem, e o outro imperfeito, o mundo material, o corpo, o desejo, os sentidos etc. – surgiram duas grandes correntes filosóficas e pedagógicas. A primeira é a da essência e a segunda é a da existência. Essas duas tendências norteiam, principalmente, o pensamento pedagógico ao longo do tempo e são antagônicas.

A pedagogia da essência tem como função realizar o que o homem deve ser, ou vir a ser, isto é, ultrapassar-se. A essência deve determinar como ele deve ser. A educação é o meio para levá-lo à participação do mundo ideal, daquilo que define a sua essência verdadeira. Levá-lo a buscar a sua verdadeira pátria celeste, destruindo tudo que o prende à sua existência terrestre, para uns, ou buscar a eficiência para outros, é a meta dessa educação. Como já se disse, a pedagogia da essência desenvolve-se ao longo da história. Foi retratada pelos estoicos, em toda a educação cristã, e em todo o tipo de educação tradicional e comportamentalista. Todas elas têm um ideal a perseguir e devem ultrapassar o homem real e concreto.

A pedagogia da essência tem como antítese a pedagogia da existência. Esta concebe o homem concreto, individualizado, tributário do seu tempo e do seu espaço, exatamente como é e não como deverá ser. Seu objetivo é a busca da felicidade. Depois dos epicuristas ela só aparecerá, mais tarde, com Rousseau, Kierkegaard, Sartre, A. Neill, C. Rogers etc.

A concepção de Platão sobre a existência de ideias inatas (inativismo) gera, ao longo da história, outra grande polêmica. Os seus seguidores, "os nativistas", contrapõem-se aos seus opositores, os seguidores de Aristóteles, "os empiristas", que concebem que nada há na inteligência que não tenha passado pelos sentidos.

Aristóteles[3] (384-322 a.C.) de Estagira, Macedônia (daí ser cognominado o Estagirita). Discípulo de Platão, é seu opositor. Não acreditava na existência de ideias inatas e nem no mundo das ideias. A criança, ao nascer, não traz nenhuma bagagem de conhecimento. Vem como um papel em branco – onde nada foi escrito: uma *tabula rasa*. É através da experiência que irá adquirir conhecimento, pois, no seu entender, nada há na inteligência que não tenha passado pelos sentidos. Dessa forma, Aristóteles identifica os primeiros degraus na escala da aquisição do conhecimento, são eles: os órgãos dos sentidos e as sensações. Os órgãos dos sentidos, quando estimulados, provocam reações, ou seja, impressões, por exemplo, de bem-estar, de mal-estar, gustativas, visuais, térmicas etc. Essas impressões são o que se denomina de sensações. As sensações seriam, assim, o elemento mais simples e primitivo do conhecimento. Essa ideia foi bem desenvolvida, na Idade Moderna, por John Locke e é denominada de empirismo em oposição ao nativismo platônico.

De seu mestre, Aristóteles retomou e ultrapassou o dualismo, mente x corpo. Para ele, mente e corpo são indivisíveis como forma e matéria. A matéria seria a forma potencial, enquanto o objeto é a forma atualizada (o mármore é a matéria para a estátua). Ideia que foi retomada por Santo Tomás de Aquino, na Idade Média, quando fala da potência e do ato. Assim, a realidade concreta se organiza numa sequência tal que seria impossível dizer onde é pura matéria e onde é pura forma. O objetivo da matéria é adquirir forma. A forma

---

3. O pensamento aristotélico chegou à Europa através dos árabes e judeus. Atingiu seu apogeu no século XIII com a escolástica e está ainda presente, influenciando a cultura ocidental. As obras de Aristóteles se perderam, com exceção da Constituição de Atenas. O que se conhece resultou de um apanhado, feito por seus discípulos, de anotações de seus cursos e conferências. Todo esse conteúdo foi no século 60 a.C. sistematizado por Andrônico de Rodes. Dentre as principais obras encontram-se: *Psicologia e antropologia; Sobre a alma*.

final deve ser o alvo de toda a natureza (filosofia da essência). O nível mais alto seria a forma pura e o mais baixo a matéria. Apenas o Ser Supremo seria forma pura, forma imaterial. Suchodolski identifica esta posição de Aristóteles com a de Platão.

No homem, a forma é identificada como atividade, uma atividade específica e pensante. É essa forma que molda a matéria e cria o homem, dando-lhe uma forma original. A ação educativa deve atuar, tendo em vista a forma humana que se pretende alcançar, buscando a sua essência. A educação deve ultrapassar a matéria que o homem tem à sua disposição. É por isso que a concepção aristotélica constitui um dos fundamentos da pedagogia da essência.

Aristóteles admitia que a alma era imortal, era uma espécie de intelecto ativo, imaterial. Ponto de vista que se tornou o centro de interesse dos teólogos da Idade Média. A alma, nesse sentido, era aquilo por que se vive, pensa e percebe, "causa e princípio do corpo vivo". A psicologia estaria ligada à biologia e à botânica. Admitia uma espécie de alma nas plantas (alma vegetativa), nos animais (alma animal) e no homem (alma racional). Observou que, em muitos casos, o comportamento dos animais apresenta analogias com o comportamento do homem.

Pelo que se tem conhecimento, Aristóteles foi o primeiro homem a escrever tratados sistemáticos de psicologia. Em sua obra *De anima*, ou *A respeito da mente*, escreve sobre os sentidos e a sensação, a memória, o sono e a insônia, a geriatria, a extensão e brevidade da vida, a juventude e a velhice, a vida e a morte e a respiração. Destes estudos, a memória foi o mais significativo para a psicologia. Distingue, na memória, vários princípios de associação: associação por igualdade, contraste, contiguidade temporal e espacial. Diz, ainda, que as associações não se fazem por acaso, mas obedecem a uma lei. Com isso, Aristóteles dá outro passo para o esclarecimento da questão central do período: "como se adquire conhecimento". Chegou a essas conclusões através da intuição e do raciocínio.

Acreditando que todas as coisas podem, através de análises sucessivas, ser reduzidas a expressões mais ínfimas, dá continuidade à tendência reducionista ou elementista de alguns de seus antecessores. Tendência retomada, na Idade Moderna e Contemporânea, pelos empiristas e associacionistas.

Outros filósofos

Nos últimos séculos da Idade Antiga, desenvolveram-se duas correntes filosóficas defendidas pelos estoicos e pelos epicuristas. Merecem referência pela maneira contrastante de sugerir a aplicação prática da psicologia.

O estoicismo foi uma doutrina pregada pelo filósofo grego Zenão[4] de Cítio, Chipre (340-264 a.C.), e teve vários seguidores, tanto gregos como romanos. Os estoicos defendiam que a virtude deveria ser cultivada como valor intrínseco, seguindo a linha da pedagogia da essência. Com esse objetivo, o desejo deveria se submeter à razão. Seguindo a linha platônica, sugeriam que a virtude é superior aos desejos materiais, considerados parte inferior na escala da evolução do homem. A virtude seria o único bem e o vício o único mal. Com essa visão, prepara o advento da ética cristã.

O epicurismo é a doutrina pregada por Epicuro[5] (341-270 a.C.) de Samos, filósofo grego, e por seus seguidores gregos e latinos. Contrário à escola platônica e aristotélica, buscava uma filosofia prática. Valorizava a natureza do ser humano, meio para se conseguir a felicidade e a tranquilidade. O supremo bem era a obtenção do prazer em toda a atividade humana. Era preciso viver o presente sem ambições nem projetos. No entanto, os prazeres mais duradouros eram os do espírito. Os discípulos de Epicuro deturparam sua visão e atiraram-se aos gozos materiais e à dissolução moral. A felicidade constituía o fim e a perspectiva de toda a existência. Os epicuristas eram, pois, favoráveis à expressão e satisfação dos impulsos naturais e por isso são considerados os precursores do existencialismo. Muitos autores confundem o epicurismo com o hedonismo, pois, como o próprio nome indica, *hedonê*, do grego, quer dizer prazer, gozo. Outros autores consideram que o hedonismo foi inau-

---

4. As obras dos primeiros estoicos também se perderam restando apenas fragmentos que foram reunidos por Arnim nos *Fragmentos dos estoicos antigos*.

5. De Epicuro restaram apenas três cartas: a primeira sobre a Física; a segunda sobre Meteorologia e Astronomia, e a terceira sobre Ética. Em 1888 foi descoberto, na biblioteca do Vaticano, um manuscrito seu, com oitenta e uma máximas, denominado: *Coleção de Provérbios do Vaticano*.

QUADRO SINTÉTICO
Psicologia Pré-Científica
IDADE ANTIGA
PERÍODO ANTROPOCÊNTRICO – Séc. IV-III a.C.

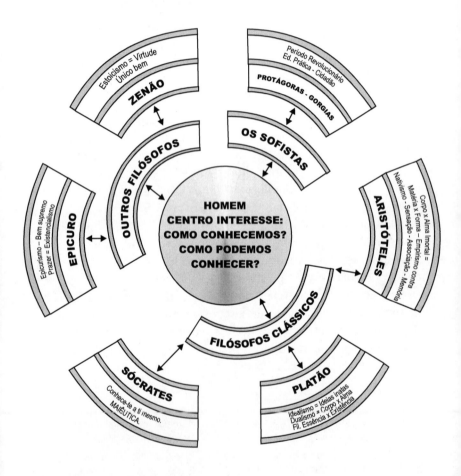

GRÉCIA ANTIGA e Colônias Gregas na Ásia Menor
Onde nasceu a Psicologia

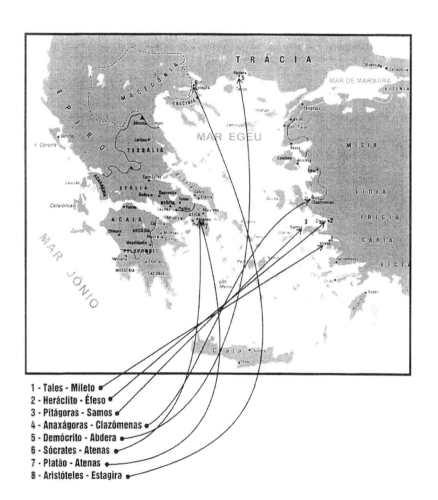

1 - Tales - Mileto
2 - Heráclito - Éfeso
3 - Pitágoras - Samos
4 - Anaxágoras - Clazômenas
5 - Demócrito - Abdera
6 - Sócrates - Atenas
7 - Platão - Atenas
8 - Aristóteles - Estagira

gurado por Aristipo, discípulo de Sócrates, e não por Epicuro. Tendo qualquer uma das origens, o seu objetivo era fugir da dor e buscar o prazer. O sábio saberia encontrar o equilíbrio entre as paixões e a sua satisfação.

Esse foi o período fundamental para a história da psicologia, pois nele brotaram as principais raízes do seu desenvolvimento. Questões como o nativismo x empirismo, o dualismo corpo x alma, a memória, o associacionismo, bem como a filosofia e pedagogia da essência e da existência, foram as raízes ou colunas-mestras da psicologia. Elas delinearam as mais diversas correntes do pensamento psicológico que conduziriam a psicologia até à sua emancipação da filosofia.

Referências

Para se fazer um estudo aprofundado do capítulo, pode-se ler, além das obras dos filósofos, obras como:

BECHER, Idel. *Pequena história da civilização ocidental*. São Paulo: Cia. Editora Nacional, 1970.

BURNS, Edward McNall. *História da civilização ocidental*. Porto Alegre: Globo, 1968.

ELORDUY, Eleutério. *El Estoicismo*. 2 vol. Madrid: Gredos, 1972.

FONDA, Énio Aloísio. "Origens epicuristas do ateísmo ocidental". *Revista de Letras*. Assis, vol. 10, 1967.

HEIDBREDER, Edna. *Psicologias do século XX*. São Paulo: Mestre Jou, 1981.

JAEGER, Werner. *Paideia*. A formação do homem grego. São Paulo: Editora Herder, 1936.

MARROW, Henri Irinée. *História da educação na Antiguidade*. São Paulo: Editora Herder, 1966.

MONROE, Paul. *História da educação*. São Paulo: Editora Nacional, 1968.

RUSSELL, Bertrand. *História da filosofia ocidental*. São Paulo: Cia. Editora Nacional, 1967.

SUCHODOLSKI, Bogdam. *A Pedagogia e as grandes correntes filosóficas*. Lisboa, Portugal: Livros Horizonte, 1984.

ULLMANN, Reinholdo Aloysio. *Epicuro*: O filósofo da alegria. Porto Alegre: Edipucrs, 1989.

VALENTE, Milton Luís. *L'Ethique stoicienne chez Cicero*. Caxias do Sul-Porto Alegre: Educs, 1984 [Trad. A Ética em Cícero].

VIANNA, Sylvio Barata. *Sobre o epicurismo e suas origens*. Belo Horizonte: Kriterion, 1965.

3. Período Teocêntrico: Idade Média[1] – discussão de algumas raízes do período antropocêntrico

O final da Idade Antiga foi marcado pela ascensão do cristianismo. Uma nova ordem começava a ser estabelecida em todo o Ocidente. A filosofia cristã, tendo Jesus Cristo como modelo e a Sagrada Escritura como paradigma de todas as verdades, espalhava-se e dominava, pouco a pouco, todos os impérios da época. Ela se afirmou de tal forma que marcou (aliada a outros fatores) o início de uma nova era da história, o período cristão, cujo apogeu foi a Idade Média. Foi destronada, assim, a filosofia antiga e o antropocentrismo. O período passou a ser teocêntrico (do grego *theós*, que quer dizer Deus, divindade). Deus passou a ocupar o centro de toda a vida. Foi assim na filosofia, na literatura, na arte, na arquitetura, na educação etc. Esse processo se dá lentamente. Distinguem-se dois momentos importantes: o da patrística (séc. IV-V) e o da escolástica (a partir do séc. IX). No final da Idade Média e com a chegada da Idade Moderna, a filosofia cristã perdeu o seu apogeu, mas permanece até os dias de hoje, forte em todos os ramos e níveis sociais.

---

1. Há muita controvérsia a respeito do início e fim da Idade Média. Para o seu início aparecem datas como: 325, 375, 395, mas a mais aceita é a de 476, quando foi deposto o último imperador romano do Ocidente. Muitos historiadores preferem não se deter a uma data precisa, pois foi um conjunto de fatores que mudaram a história. Para o seu fim, a data mais aceita é a de 1453, quando houve a tomada de Constantinopla pelos turcos. Assim, a Idade Média estaria limitada entre os séculos V e XV.

A Patrística

É a filosofia dos primeiros padres da Igreja. A preocupação central era a luta contra o paganismo, as heresias e a defesa dos dogmas cristãos. Faziam uso do platonismo para a elucidação dos dogmas. Entre esses encontram-se: Santo Ambrósio (340-397), Trier – Alemanha; São Jerônimo[2] (347-419), Stribo – Dalmácia; Santo Agostinho (354–430), Tagasta – Argélia, África, três doutores da Igreja, cujo período foi denominado de patrística. Pouca influência tiveram no que tange ao desenvolvimento da filosofia e da psicologia. Destaca-se, aqui, Santo Agostinho, que, de acordo com seus princípios e o Antigo Testamento, afirma que a criação saiu do nada. Rejeitava a posição de Platão, nessa matéria, bem como a de Aristóteles, pois tinham posições comuns a respeito da criação. Imaginavam a existência de uma matéria primitiva, incriada, a que Deus deu forma: somente a forma é devida à vontade de Deus. Deus, nessa visão, seria um artífice, um modelador e não um criador. Contra isso, afirma Santo Agostinho que o mundo foi criado do nada e não de uma matéria. Deus criou toda a substância e não somente a ordem e a sua disposição. É o Criador.

No estudo que faz sobre o tempo, Santo Agostinho distingue a presença do passado, a presença do presente e a presença do futuro. A presença do passado é coberta pela memória; a presença do presente é a própria percepção; a presença do futuro é a prospecção. Estuda ainda o hábito, dizendo que é uma forma inferior de memória e tem base física, enquanto a verdadeira memória é essencialmente espiritual. No estudo da memória, fala, ainda, sobre o esquecimento, definindo-o como a "presença de uma ausência"[3].

---

2. São Jerônimo traduziu para o latim os textos hebraicos da Sagrada Escritura, e o Novo Testamento do grego. Essa tradução da bíblia recebeu o nome de Vulgata e serviu de base aos estudos religiosos posteriores. Até hoje é usada.

3. Santo Agostinho foi um grande escritor e combateu as heresias de seu tempo. Entre as suas principais obras, merecem especial referência: *Confissões; Da trindade* e *Cidade de Deus*.

A Escolástica

A escola que marcou a época foi a Escolástica[4], em que a grande figura foi Santo Tomás de Aquino[5] (1224-1274), Castelo de Roccaseca – Nápoles – Itália, chamado o doutor angélico. A escolástica buscava mais o aspecto educacional de um povo que já era cristão. Seguidor de Aristóteles, tenta unir os conceitos aristotélicos à religião, procurando adaptá-los ao dogma cristão, buscando submeter ou concordar o saber com a fé cristã e com a Sagrada Escritura. Afirma que não pode haver contradição entre as verdades provenientes da experiência dos sentidos, porta de todo o conhecimento, e as verdades da fé, pois provêm da mesma fonte: Deus.

Quanto às tarefas e possibilidades da educação, Tomás de Aquino se baseou na distinção entre potência e ato. Encontra na alma cinco gêneros de potência ou faculdades: a negativa, a sensitiva, a apetitiva, a locomotiva e a intelectual. Põe em relevo o papel da vontade para dominar a natureza falível do homem. No entanto, sua vitória depende da ajuda da Providência Divina, e as regras estão estabelecidas na Sagrada Escritura. Tomás de Aquino conserva, assim, todas as características da pedagogia da essência, baseado numa concepção cristã que propõe um ideal para o homem.

Ao negar a concepção das ideias inatas, considerou que o ensino era uma atividade em virtude da qual os dons potenciais se tornam realidades atuais. Para que isso se realize, é necessária a atividade do professor e do aluno. Assim, Tomás de Aquino segue a linha aristotélica também em relação à existência das ideias inatas que, como Aristóteles, ele rejeita.

---

4. A escolástica (do latim *scholasticu* = relativa a escola). Foi uma escola ou uma linha de pensamento filosófico-teológica que se propunha a demonstrar a união entre a fé e a razão, entre a teologia e filosofia. É o pensamento filosófico desenvolvido pelo e dentro do cristianismo, com o objetivo docente de instruir os cristãos da época. Possui uma fase de formação (séc. IX ao XII), quando houve o aparecimento das escolas monacais, catedrais e as palatinas. A seguir, vem o seu apogeu, no século XIII, e sua decadência indo do século XIV ao XVII. A escolástica reviveu o pensamento aristotélico. Ela teve representantes entre a Ordem de São Domingos (dominicanos) e a Ordem de São Francisco (franciscanos), cujas posições eram antagônicas. O mais importante dos escolásticos foi Tomás de Aquino, da ordem dominicana. Entre os escolásticos franciscanos pode-se citar Roger Bacon (1214-1295); Duns Scoth (1270-1308); Guilherme de Occam (1290-1350).

5. Tomás de Aquino possui uma obra rica e variada. A *Suma contra os gentios* e a *Suma teológica* trazem a síntese do seu pensamento.

Idade Média – PERÍODO TEOCÊNTRICO – Séc. V-XV

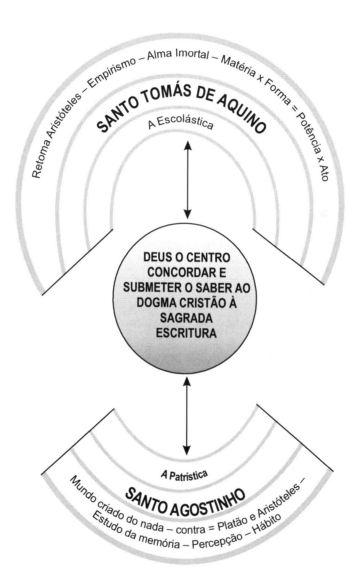

No entanto, encontra-se, no início do cristianismo, adeptos de Platão, no que concerne a esse ponto. Assim, vê-se, em São Paulo – epístola aos romanos 2,14 – "Os pagãos, que não têm Lei, fazendo naturalmente as coisas que são da Lei, embora não tenham a Lei, a si mesmos servem de Lei: eles mostram que a obra da Lei está escrita em seus corações, dando-lhes testemunho a sua consciência, bem como os seus julgamentos com os quais eles se escusam". Assim, São Paulo admite a existência das ideias inatas.

Os dez séculos de Idade Média (século V a XV), como um todo, não trouxeram grande colaboração para o desenvolvimento da psicologia e das ciências em geral. A escolástica, sua principal escola, muito embora tenha realizado estudos sobre a natureza e atributos da alma, fazia-o através da dedução lógica, em que as verdades já eram antecipadamente conhecidas. Seus estudos valiam, apenas, como deduções filosóficas e não tinham valor científico[6].

Referências

Citam-se para complementar o estudo da época:

BINGEN, Hildegard Von. *Saiba os caminhos*. Salzburg: Otto Müller, 1954.

CURTIUS, Ernest Robert. *Literatura europeia e Idade Média latina*. Rio de Janeiro: Instituto Nacional do Livro, 1957.

D'HAUCOURT, Genevieve. *A vida na Idade Média*. Lisboa: Livros do Brasil, 1944.

DUBY, Georges. *História medieval*. Paris: [s.e.], 1969.

LANDSBERG, P. *O mundo da Idade Média e nós*. [s.l.]: [s.e.], 1922.

PERNOUD, Régine. *Pour en finir avec le Moyen Age*. Paris: Ed. Du Seuil, 1977.

RAU, Virgínia. *Estudos de história medieval*. Lisboa: Presença, 1986.

RUSSEL, Bertrand. *História da filosofia ocidental*. 2 vols. São Paulo: Cia. Editora Nacional, 1967.

SEIDLMAYER, Michael. *A Idade Média*. [s.l.]: [s.e.], 1948.

---

6. A Idade Média tem uma rica literatura, fazendo ora sua apologia, ora a sua condenação.

Período pré-científico propriamente dito

No despontar da Idade Moderna (séc. XV), inicia-se uma reação à tendência dogmática do pensamento que predominou em toda a Idade Média. O teocentrismo deixa de prevalecer e é revivido o antropocentrismo dos tempos antigos. Isto não quer dizer que o cristianismo tenha sido extinto, ele perdura até os dias atuais, exercendo sua influência em todas as áreas e convivendo com as mais diversas correntes de pensamento, predominando ora uma, ora outra.

Há uma mudança de atitude face ao conhecimento e às fontes do conhecimento. O autoritarismo do *magister dixit* foi substituído pelo empirismo e antiautoritarismo da dúvida metódica. Há o surgimento de uma linha de investigação crítica. Aquela velha ordem social, inquestionável, predeterminada pelo destino, também foi questionada e abalada.

O início dessa época foi marcado pelo Renascimento, havendo mudanças gerais, em todas as áreas. No plano geográfico, houve a expansão geográfica, devido aos grandes descobrimentos. No plano espiritual, verificou-se a queda do dogmatismo. No plano religioso, deu-se a Reforma e Contrarreforma. No plano das ciências, por exemplo, a biologia evoluiu com a dissecação dos cadáveres. No plano literário, houve a recuperação dos autores greco-romanos da Antiguidade e do Império Bizantino. No plano da astronomia, foi confirmado o sistema heliocêntrico. Houve ainda mudanças no sistema econômico, com a afirmação do mercantilismo, no sistema político, com a criação dos novos Estados, e na área social, com a ascensão da burguesia. Em termos gerais, houve uma revolução, tanto dos métodos de estudo, quanto dos conteúdos. Essas mudanças não se fizeram de uma só vez, foi uma sequência lenta e progressiva.

A Psicologia, na época, era essencialmente filosófica. No entanto, muitas das tendências que haveriam de levá-la à conquista do status de ciência começavam a ser delineadas e identificadas.

As raízes ou tendências psicológicas analisadas até agora, mais outras características acrescentadas no período, reuniram-se em dois grandes grupos ou duas grandes raízes: a raiz científica e a filosófica, que, mais tarde, se unificaram num só tronco, formando a psicologia científica.

4. Fonte ou raiz científica: como a ciência colaborou para o desenvolvimento da psicologia

A ciência chegou à Idade Moderna num estágio primitivo de desenvolvimento. Até essa época seus estudos se limitavam a obter mais respostas epistemológicas e metafísicas do que respostas provenientes da experimentação e quantificação que pudessem desvendar o "porquê" e o "como" das ciências, fazendo-as progredir. A causa desse atraso deveu-se, basicamente, porque todo o conhecimento foi, na Idade Média, tutelado pela Igreja e deveria estar de acordo com a Revelação Divina contida na Sagrada Escritura. Outro fator foi a inexistência do método científico.

O Renascimento veio, assim, despertar a consciência para a formação do espírito científico. Todas aquelas mudanças das quais já se falou aqui, principalmente a mudança de atitude face ao que conhecer (conteúdo) e ao como conhecer (método), foram as responsáveis diretas desse desabrochar. Sem dúvida, a organização do método científico foi condição *sine qua non* do desenvolvimento das ciências. Essa organização começou pela retomada do método atomista ou elementista. O pesquisador, dentro de sua área, buscava identificar a unidade ou o elemento básico de cada ciência, procurando desvendar os seus segredos. Utilizava a observação, a experimentação e a quantificação, o que resultou na organização do método científico, cujo uso foi priorizado a partir de então. Diz-se, dos cientistas da época, que tiveram imensa paciência na observação e grande audácia na formulação das hipóteses.

A época ficou conhecida como científica, pois desencadeou o processo de desenvolvimento das ciências. Entre as mais importantes estão a astronomia[1], a física[2], a química[3] e a biologia[4]. A fisiologia (função) e a anatomia (estrutura), como ramos que são da biologia, foram, sem dúvida, as que maior contribuição deram para o desenvolvimento da psicologia. O desvendar dos segredos da anatomia, até então desconhecida, deu incremento às pesquisas sobre as sensações, através do estudo dos órgãos dos sentidos. Os estudiosos do assunto chegaram à conclusão que seria impossível deixar de lado, por exemplo, o olho que vê e o objeto visto. Para eles, existem processos complexos que intervêm entre o objeto físico e a percepção psicológica do mesmo. Seria preciso, assim, estudar a natureza do organismo que reage, pois este está interposto entre a percepção e

---

1. Marcando o desenvolvimento da astronomia encontram-se: Copérnico (1473-1543), polonês – alemão. Restabelece o sistema heliocêntrico. Galileu Galilei (1564-1642), italiano. Descobre as leis da gravidade e constrói o primeiro telescópio e o primeiro microscópio. Johann Kepler (1571-1630), alemão. Aprofunda o estudo de Copérnico e descobre as três leis do movimento planetário. Isaac Newton (1642-1727), inglês. Descobre a lei da gravitação universal etc.

2. A física, como ciência que se ocupa das propriedades da matéria, teve sua evolução condicionada ao desenvolvimento dos instrumentos de medida e sondagem (escalas, luneta, telescópio, balança, microscópio, relógio etc.). A física tem progredido rapidamente, principalmente no último século (energia elétrica, telegrafia, telefonia, radar, laser etc.). Um nome que deve ser lembrado é o de Albert Einsten (1879-1955), alemão, que desenvolveu a teoria da relatividade, responsável pelo desenvolvimento da bomba atômica.

3. A química vem acumulando conhecimento desde os tempos mais remotos (destilação, fermentação, metalurgia do cobre, do ferro etc.). O século XVI deu início ao desenvolvimento de uma química técnica em que foi introduzida também a quantificação. Um livro do século XVI que merece destaque pela riqueza de informações é o de George Bauer: *De Re Metallica*. Coube, no entanto, a Antoine Laurent de Lavoisier (1743-1794), francês, a formulação unificadora dos fenômenos químicos, sendo considerado por isso o fundador da química moderna.

4. Embora o termo biologia só tenha aparecido no século XIX, é uma ciência que esteve ligada ao desenvolvimento da história natural, porque é o estudo da vida. Aristóteles, por causa da atenção dada à observação dos seres vivos, é considerado o primeiro biologista. Entre os que contribuíram para a sua evolução encontram-se: Miguel Servet (1511-1553), espanhol, descobriu a pequena circulação do sangue nos pulmões. Vesalius (1514-1564), belga, inicia a dissecação de cadáveres. Entre os muitos outros que podem ser lembrados não se pode esquecer de Louis Pasteur (1822-1895), francês, o criador da bacteriologia.

o seu estímulo externo. Concluíram, também, que a sensação (ponto de ligação entre o físico e o psíquico) não poderia ser medida, mas podia-se medir o estímulo que a provoca, permitindo, dessa forma, estabelecer a relação quantitativa exata entre o mundo mental e o físico. Com isto, teriam encontrado a resposta à grande questão do dualismo: mente x corpo, físico x psíquico, material x imaterial, que tanto preocupou os filósofos antigos como os da época. Pesquisaram, além da visão, o ouvido, o tato, o olfato e a cinestesia. Relevante foi, também, o estudo dos reflexos e dos reflexos condicionados que consideravam fosse a face inconsciente do comportamento.

O estudo do sistema nervoso ocupou boa parte do interesse no século XIX. Investigou-se a sua estrutura e chegou-se ao conhecimento dos neurônios, agrupados em sinapses, dos axônios, das correntes elétricas, da massa cinzenta e branca, da mielinização da fibra nervosa etc.

A parte que mais chamou a atenção dos fisiologistas e anatomistas foi o cérebro. Surgiram várias correntes buscando explicar as suas funções. Tentaram descobrir se cada função mental está localizada em uma parte determinada do cérebro ou depende da mesma. Pesquisaram, ainda, o relacionamento de características da personalidade, como a amabilidade e a benevolência, com a forma do tecido nervoso. Os frenologistas[5] eram os mais interessados nesses estudos.

Outras correntes, opostas a esta, tentaram mostrar que o cérebro funcionava como um todo, não obstante aceitarem que o cérebro tivesse lobos com funções específicas. As sensações básicas e mais simples, assim como determinados movimentos, como o andar, teriam seu lobo correspondente no cérebro. Hoje aceitam-se as duas correntes.

A quantificação ocupou lugar de destaque e foi a novidade da época. O astrônomo mediu o curso das estrelas e dos planetas e estabeleceu o sistema heliocêntrico etc.; o químico quantificou as reações químicas, o fisiologista mensurou as reações psicofísicas no ani-

---

5. Frenologia – do grego, *phrén-phrenós*, quer dizer diafragma, alma, inteligência. Estuda as funções intelectuais, baseando-se na conformação do crânio.

RAIZ CIENTÍFICA – Inicia-se no séc. XVI

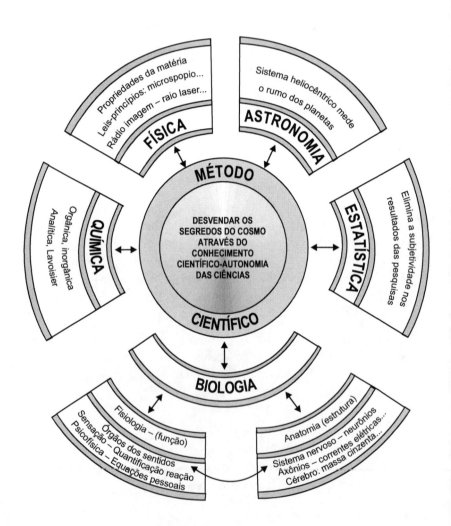

mal e no homem, e assim por diante. A psicofísica tentou, entre outras coisas, determinar o tempo gasto entre um estímulo e a resposta. Qual seria o tempo, por exemplo, que leva uma pessoa para contrair os olhos quando estimulados por luz forte? Além do estudo das respostas simples, tentou-se medir respostas determinadas no meio de estímulos variados. É um processo complexo e exige decisão e escolha da resposta. Procurou-se, ainda, medir qual a interferência de variáveis múltiplas (maior ou menor atenção, ambiente mais ou menos barulhento, maior ou menor quantidade de luz), no tempo de reação do indivíduo. Essas medidas são utilizadas, ainda, nos testes vocacionais, em que se mede a aptidão para determinadas profissões. O estudo da quantificação das reações levou à descoberta das "equações pessoais", ou seja, o tempo de reação de cada pessoa, o que, por sua vez, levou à identificação das diferenças individuais.

Além da quantificação, a estatística colaborou com a ciência, no que concerne à comparação de dados e na eliminação de tendências pessoais ou subjetivas nas pesquisas, tornando os resultados mais objetivos e, portanto, mais confiáveis.

Grande parte do desenvolvimento das ciências deu-se em laboratórios. A Idade Moderna foi testemunha desse despontar e é considerada o berço das ciências.

Com o desenvolvimento do método científico, da criação dos laboratórios e por consequência do desenvolvimento das ciências físicas, o campo estava preparado para o desabrochar da psicologia científica, experimental. O seu aparecimento, no dizer de Heidbreder, é um prolongamento do aparecimento do método científico.

Referências

Para um estudo mais aprofundado do capítulo, consultar:

AZEVEDO, Fernando. *As ciências no Brasil.* 2 vols. Rio de Janeiro: Editora da Universidade Federal do Rio de Janeiro, 1956.

BECKER, Idel. *Pequena história da civilização ocidental.* São Paulo: Cia. Editora Nacional, 1970.

EINSTEN, Albert & INFELD, Leopold. *A evolução da física.* Rio de Janeiro: Zahar, 1962.

5. Fonte ou raiz filosófica: a influência das três correntes filosóficas na emancipação da psicologia

A outra fonte ou raiz que levaria a psicologia a tornar-se uma ciência autônoma é a filosófica. Nela, vamos encontrar três movimentos distintos: o empirismo crítico, o associacionismo e o materialismo científico. A preocupação central dos filósofos do empirismo crítico (Descartes, Hobbes, Locke, Berkeley, Hume e Kant) era saber "como se adquire o conhecimento". Esta questão está relacionada com outra que teve origem em Platão: há ideias inatas ou elas são adquiridas através da experiência? A questão do nativismo estava de volta, frente ao empirismo aristotélico. O associacionismo, por sua vez, desejava esclarecer como umas ideias geram outras. Por seu lado, o materialismo científico procurava descrever os organismos vivos e seus problemas como se descreve uma máquina.

5.1. O empirismo crítico

Os filósofos do empirismo crítico possuíam as mesmas preocupações dos filósofos gregos: desejavam saber de que era feito o mundo e como era possível, ao homem, conhecê-lo. A primeira pergunta foi respondida pela química, a física, a biologia etc. Para a segunda, os empiristas críticos buscaram a contribuição do próprio homem. Investigaram a natureza dos fenômenos psíquicos e como esses se relacionam com o mundo dos objetos. Nesse ponto, os empiristas esbarraram com o problema do nativismo (ideias inatas) ou idealismo platônico, versus empirismo aristotélico (nada há na inteligência que não tenha passado pelos sentidos). Em outras palavras, o homem nasce com ideias ou as adquire através da experiência? Essa polêmica esteve presente em toda a história. A partir de Descartes, a ideia do empirismo passou a prevalecer.

Antes de se falar sobre os filósofos do empirismo, faz-se necessário um esclarecimento sobre o termo empirismo. Segundo Wertheimer, o termo empirismo tem duas conotações: na primeira, pode ser empregado como um pressuposto filosófico e, na segunda, como prescrição metodológica. Como pressuposto filosófico, contrasta com o nativismo, ao afirmar que não há conhecimento inato, pois todo ele é adquirido (empirismo x nativismo). Como prescrição metodológica, afirma que a obtenção de um conhecimento fidedigno está alicerçada na observação, na experimentação e na medida. É a questão do método. Nesse caso, contrasta com o racionalismo que afirma ser a razão o melhor caminho para se atingir o conhecimento. O empirismo crítico faz metodologicamente o caminho oposto ao racionalismo (empirismo x racionalismo), porém de uma forma teórica.

As ideias do empirismo crítico foram disseminadas em grande parte da Europa. Seus principais representantes saíram da França, Grã-Bretanha e Alemanha.

Escola francesa

René Descartes[1] (1596-1650) nasceu em La Haje, França. Foi filósofo racionalista, matemático, físico e fisiólogo. Com ele, a psicologia inicia sua fase pré-científica propriamente dita. O rompimento com o dogmatismo medieval foi um dos fatores mais importantes para o desenvolvimento das ciências. Descartes ocupa lugar de destaque nessa emancipação do dogmatismo. Parte do princípio que, antes de se aceitar qualquer verdade, esta deve ser questionada. A dúvida era, assim, o ponto de partida de toda a sua argumentação e raciocínio. Primeiro se duvida (dúvida provisória) e depois se tenta explicar e provar aquilo de que se duvidou. A dúvida era, portanto, usada como método de estudo, por isso foi chamada de dúvida metódica.

---

1. A filosofia de René Descartes é conhecida como filosofia cartesiana ou cartesianismo. Esta denominação provém do seu nome em latim: Renatus Cartesius. Descartes foi um marco importante na história da filosofia e psicologia. Escreveu muitas obras, em vários ramos do conhecimento. Distinguem-se: *Discurso do método para bem conduzir a razão e procurar a verdade nas ciências*; *As paixões da alma*; *Meditação de Filosofia Primeira*.

Descartes duvidou até da própria existência. A seguir, chegou à conclusão de que o seu pensamento comprovava a sua existência. Ficou célebre a sua frase: "penso, logo existo". Duvidou, também, da existência de Deus e, através de seu raciocínio, provou a sua existência. A dúvida existe, porque existe um ser pensante. Prioriza, assim, a razão e retoma a questão do dualismo mente x corpo, cuja abordagem foi iniciada por Platão. Platão foi o primeiro filósofo a discernir, no homem, algo imaterial, chegando ao conhecimento das faculdades psicológicas. Descartes identificou duas áreas distintas no ser humano: o reino físico, material e o reino imaterial, da mente. A matéria possuía características físicas como a massa e a extensão no espaço, assim como também o movimento, enquanto os fenômenos mentais não possuíam massa nem localização. A mente, no entanto, através da sensação, emoção, instinto e imaginação, poderia influenciar o corpo, mudando o rumo mecânico das atividades. Isso seria possível porque a alma está ligada ao corpo pela glândula pineal (glândula em forma de pinha, situada na parte posterior do cérebro, no epitálamo). Seria, pois, através da glândula que a alma agiria sobre o corpo. Descartes estaria, assim, respondendo à questão crucial da interação mente e corpo. Para ele, a ação do corpo tem função mecânica, no entanto, a alma pensante, que o homem possui, atua e modifica estes mecanismos. Era, pois, um interacionista.

Descartes distinguia, na mente, dois tipos de atividades. O primeiro tipo consistia nas atividades específicas da mente: recordar, raciocinar, conhecer e querer. O segundo, nas atividades que eram fruto da interação entre mente e corpo, tais como: sensação, imaginação, instinto etc. Não considerou o homem autômato, como o fez com os animais (animais sem mente). Os animais, no seu entender, eram máquinas intrincadas, capazes de comportamento complexo, mas incapazes de raciocinar como o homem. Introduziu, ainda, o estudo do conceito de ação reflexa. As duas teorias, a do dualismo psicofísico e a da interpretação mecanicista do comportamento animal, foram um passo a mais no desenvolvimento da psicologia.

A questão das ideias inatas, também, voltaram a ser motivo de discussão. Descartes achava que somente as ideias matemáticas e religiosas são inatas. Todas as outras seriam adquiridas. Esse ponto de vista, que não foi demonstrado, foi, depois, retomado por outros filósofos do empirismo crítico. Defendia ainda o princípio do conformismo social e da tradição política, dizendo que é preciso vencer-se mais a si mesmo que às circunstâncias ou à ordem no mundo, pois a liberdade é a ausência de necessidades externas.

Descartes, filosoficamente, se mantém, entre os nativistas e empiristas, pois, ao mesmo tempo que aceita que algumas ideias sejam inatas, acredita que outras sejam adquiridas. Metodologicamente é um teórico do empirismo crítico, dado que, enquanto duvida de tudo e derruba o dogmatismo medieval, ele o faz de forma racionalista. Não utiliza o empirismo metodológico, pois não faz nenhuma experimentação. Não resolve o problema do dualismo mente x corpo, apenas busca uma interação entre eles. Pertence, ainda, ao grupo do materialismo científico, ao considerar que o corpo do homem é uma máquina.

Escola britânica

Thomas Hobbes[2] (1588-1679) nasceu em Westport, Inglaterra. Foi contemporâneo de Bacon, Galileu e Descartes. Para ele, a filosofia é o conhecimento dos efeitos por meio das causas e das causas por meio dos efeitos (A → B). Segue a tendência aristotélica no concernente à aquisição do conhecimento. O conhecimento é o resultado da sensação e se fundamenta na experiência sensível. Hobbes tem uma visão materialista do homem. O homem se resume no corpo e, portanto, o entendimento e a razão têm fundamento físico, bem como a alma que não é imaterial. Sendo assim, o homem não seria livre, pois estaria condicionado por um determinismo natural. Era antiliberal, antidemocrata e a favor da monarquia absolutista. Justificava sua posição, afirmando que o egoísmo é natural ao homem, assim como a sua autopreservação, ou seja, a busca incessante daquilo que é necessário e cômodo à sua existência. Afirmava que isso lhe constituía um direito fundamental. Diz, ainda, que o ser humano age constantemente em busca do seu próprio bem e daquilo que lhe vai dar prazer. A ação humana busca sempre o prazer e

---

2. Entre as obras principais de Hobbes destacam-se: *Elementos de Filosofia; Leviatã.*

evita a dor. Assim, associa a ideia de amor ao prazer (epicurismo) e a do ódio ao desprazer.

Para Hobbes, se todos os homens têm o direito fundamental à autopreservação, a tendência natural da humanidade é a violência e a destruição do próximo. Daí, sua afirmação: "o homem é lobo do homem, em guerra de todos contra todos".

Sendo o homem naturalmente antissocial, a convivência só seria possível através de uma paz tática. Essa paz imprescindível à conservação da vida cria o pacto social, criando também uma ordem moral. No entanto, Hobbes acha que só o pacto não assegura a paz. Assim, torna-se necessário que cada um submeta a sua vontade à vontade de um único homem, ou à de uma assembleia determinada. Esse homem ou essa assembleia só alcançaria a sua finalidade política se essa fosse exercida despoticamente. Hobbes lança assim os fundamentos de um estado totalitário. Tinha uma visão pessimista do homem. Acreditava, ainda, que, basicamente, a sua natureza era má e que agia motivado pela sede, medo, fome e amor-próprio.

Sua teoria fundamentou o conceito da natureza humana egoísta e interesseira de Freud. Princípio que constitui a base da psicanálise, como também de diversas teorias da aprendizagem do século XX, como as de Thorndike e Clark Hull. Foi precursor da psicologia do ato no século XIX e do funcionalismo no século XX. Seu principal opositor foi Rousseau.

A seguir, serão apresentados mais três filósofos britânicos que formam um subgrupo dentro do empirismo crítico: Locke, Berkeley e Hume. Locke desenvolveu um grupo de ideias dentro do empirismo crítico e teve em Berkeley e Hume seus críticos e continuadores. Daí, serem colocados dentro do mesmo grupo.

John Locke[3] (1632-1704) nasceu em Wrington, Inglaterra. Era filósofo e médico. O empirismo britânico encontra, nele, um de seus principais representantes. Foi quem suscitou a questão básica que lhe deu impulso: "como se adquire conhecimento?" Estava sendo,

---

3. Das obras de Locke pode-se citar: *Ensaio sobre entendimento humano; Cartas sobre a tolerância.*

assim, retomada a mesma preocupação do período antropocêntrico grego. Como resposta, admite que a criança, ao nascer, é uma *tabula rasa* – papel em branco – e considera, ainda, que todo o conhecimento é adquirido por meio da experiência ou pela reflexão (processo pelo qual a mente olha para dentro de si mesma). Alinha- se com Aristóteles.

As sensações, imagens e ideias formam o conteúdo da mente. São adquiridas através das impressões sensoriais, tanto do mundo externo como do interno e são obtidas através da percepção, que já é um processo psicológico. A percepção sensorial consciente constitui, portanto, a base do conhecimento e recebe, quase que passivamente, a influência de estímulos externos. Na escala da aquisição do conhecimento, distinguem-se dois elementos básicos: a sensação e a percepção. As ideias que resultam desse processo podem ser simples quando se originam de um ou mais sentidos ou da combinação deles com a reflexão (a ideia de comprimento). A ideia de substância é composta porque não se origina de nenhum sentido, mas da combinação de várias ideias simples.

Para justificar a base sensorial do conhecimento, Locke ressalta a importância da memória e da associação de ideias que se constitui na base da recordação das experiências. Princípios da associação de ideias, já tratados por Aristóteles, foram retomados por ele, tais como: a similaridade (lembranças análogas, semelhantes) e a contiguidade (proximidade no tempo e no espaço). Locke é um elementista. Considera que a ideia é a unidade ou o elemento fundamental da mente. As ideias se mantêm em grupo, graças a um princípio de associação, em que se agrupam tanto ideias simples como complexas.

Outro aspecto importante que Locke começa a desvendar no seu empirismo é a integração das funções psíquicas com as funções corporais. Era adepto dos frenologistas, pois acreditava que cada função mental tinha, no físico, uma área correspondente e responsável por aquela função. Com esses princípios, tenta explicar a questão fundamental do empirismo crítico: como se adquire conhecimento?

Apesar de empirista, utilizava métodos racionalistas na elaboração de seus princípios. Na época, não estava em uso o método experimental nessa área de conhecimento. No entanto, é possível que tenha feito uso da observação.

Pode-se dizer que Locke foi filosoficamente empirista, isto é, contra as ideias inatas de Platão. Metodologicamente, foi também empirista, pois pregava o conhecimento por meio da experiência, muito embora, na prática, tenha sido racionalista. Era contra Descartes, pois acreditava que nem a ideia de Deus nem os axiomas matemáticos eram inatos.

É considerado o precursor do estruturalismo psicológico do século XX, pelo estudo da correspondência da função corporal com a função mental.

George Berkeley[4] (1685-1753) nasceu na Irlanda. Trazia, em sua bagagem, a formação teológica e filosófica. Foi seguidor e crítico de Locke. Como seu continuador, achava que todo o conhecimento vem por meio dos sentidos. Ressaltou bastante a importância das sensações (táteis, visuais, gustativas, musculares, olfativas) nas percepções e nos processos psicológicos. Como Locke, faz também a distinção entre as ideias primárias (solidez, volume) e as secundárias (cor, aroma, gosto). Afirma que a percepção, tanto das qualidades primárias como das secundárias, é fruto da experiência. Sua doutrina principal preconiza que *ser* consiste em *ser percebido*. Em outras palavras, só existe aquilo que se pode perceber. Em consequência, nega a existência de uma substância material, pois se conhece apenas as qualidades sensoriais. A existência substancial só é possível ao espírito, que para ele: *ser é perceber*. Nesse ponto, difere de Locke, pois este considera que há um núcleo de substância material no mundo exterior. Berkeley faz, ainda, distinção entre os objetos percebidos e os imaginados. Para ele, as nossas ideias estão para a nossa mente como a natureza está para Deus, isto é, existe uma relação de dependência entre elas. Complementando o seu pensamento, afirma que a percepção das coisas deverá conduzir à percepção de Deus – ponto central de seu pensamento – principalmente porque sua preocupação era mais metafísica.

Foi contra as ideias abstratas de Locke e identificou a ideia com a imagem. Só se pode ter a ideia de um homem quando é identificado nos seus atributos: branco, preto, alto, baixo etc. Essa ques-

---

4. As obras principais de Berkeley são: *Tratado sobre os princípios do conhecimento humano; Um ensaio para uma nova teoria da visão.*

tão leva a um estudo mais profundo que seria a possibilidade de haver pensamento sem imagem.

David Hume[5] (1711-1776) nasceu na Escócia. O que o marcou de forma definitiva foi o seu ceticismo. Seguindo as pegadas de Descartes, Locke e Berkeley e indo ainda mais à frente, não só duvidou de toda a realidade exterior, mas, inclusive, de Deus. Só se pode conhecer aquilo que é passível de observação e experimentação. Elimina qualquer discussão sobre a natureza da alma e do absoluto. Seu ceticismo atinge a existência de seu próprio ego que, para ele, não passa de uma coleção de ideias, de percepções isoladas, como amor e ódio, prazer e dor etc. Ao afirmar a existência apenas do que é sensível, dá início à psicologia "do senso comum", que aceita o mundo externo tal qual é percebido pelos sentidos, através de uma observação ingênua. Questiona o princípio de causa e efeito, pois diz que a ideia de causa implica a existência de uma "conexão necessária" que ele não encontra como justificá-la. Por que os fenômenos estariam ligados por relações necessárias? O que significa e justifica a necessidade dessa relação? Enquanto Berkeley buscava em Deus essa causa para justificar a existência do mundo, ele não só negava a existência do eu pensante, como também o princípio da causalidade (Deus).

É um empirista, pois admite que todas as ideias provêm da experiência sensível. É um associacionista, pois afirma que a mente possui ideias simples e complexas. As ideias complexas são formadas pela associação das ideias simples.

Escola alemã

Gottfried Wilhelm Leibniz[6] (1646-1716) nasceu em Leipzig, Alemanha. Matemático, inventor do cálculo infinitesimal, filósofo, foi ainda o precursor da lógica matemática. Construiu um dos grandes sistemas racionalistas do século XVII, encontrado nos seus li-

---

5. Deixou várias obras: *Tratado sobre a natureza humana; Ensaios filosóficos concernentes ao entendimento humano; Investigação sobre os princípios da moral.*

6. As obras completas de Leibniz foram editadas em Berlim, sob o título *Escritos e cartas reunidos* a partir de 1923.

vros: *Monadologia* e nos *Princípios da natureza e da graça*. Sustenta que o mundo é constituído de um grande número de elementos simples ou átomos autossuficientes e independentes. Esses átomos são forças imateriais, portanto, sem dimensão, que se chamam mônadas. As mônadas são qualitativamente distintas e representam cada uma o universo inteiro. Nesse contexto, a realidade é a de um universo pulverizado. Nega a existência da matéria. Afirmou que qualquer par de mônadas não poderá jamais ter qualquer relação entre si. O que existe é uma harmonia preestabelecida ou um paralelismo psicofísico entre as mudanças verificadas numa mônada e noutra. As mônadas funcionam como relógios sincrônicos que mostram todos a mesma hora sem, contudo, se afetarem. O princípio coordenador dessa sincronia é Deus. Anaxágoras via, nessa sincronia, um ato da razão divina (*nous*) e não o fruto de um determinismo cego, como queria Demócrito. Para Leibniz, o corpo humano é composto de mônadas, onde cada uma é uma alma imortal. Há, no entanto, uma mônada dominante chamada a alma do homem. Assim, as mudanças verificadas no corpo humano são devidas à influência da mônada dominante, a mente que comanda, por exemplo, todo o movimento do corpo.

Contribuiu, com a psicologia, nos estudos sobre a influência da sensação nos processos perceptuais. Admitiu níveis de percepção. O mais alto nível perceptivo era designado, por ele, de apercepção e era a resultante de várias sensações acumulativas.

Explica, no seu livro *Novos ensaios*, "que há uma série de indícios que nos autorizam a crer que existe, a todo momento, uma infinidade de percepção em nós, porém, sem apercepção e sem reflexão. Estas seriam mudanças na própria alma, das quais não nos apercebemos pelo fato de as impressões serem muito insignificantes ou em número muito elevado ou, ainda, muito unidas. Por exemplo, pela força do hábito, não notamos mais o movimento de um moinho ou de uma queda d'água, depois que tivermos morado algum tempo perto dele". Diz, ainda, que toda a percepção exige memória e atenção. As pequenas percepções ou percepções insensíveis são mais eficazes do que se pensa. Elas gravam, de uma forma quase subliminar, gostos, imagens e impressões que os corpos circundantes produzem em nós. Desta forma, elas influenciam, significativamente, o comportamento do indivíduo, trazendo os vestígios de estados anteriores e fazendo a ligação do passado com o estado atual. Formula, assim, a doutrina do inconsciente e da continuidade do inconsciente com o consciente. Reconhece os processos mentais inconscientes que são o ponto de grande interesse dos psicanalistas atuais.

Leibniz se interessou bastante pelo problema das ideias inatas. No entanto, não foi extremista no sentido de rejeitar as proposições dos empiristas que pregam que a mente da criança, quando nasce, é uma *tabula rasa*. Admite uma posição intermediária. A mente seria como um "mármore com nervuras," isto é, o ser humano pode nascer com ideias não completamente formadas, mas com tendências e pré-disposições que tornam o desenvolvimento de certas ideias prováveis e adequadas à sua natureza. Hoje em dia, os psicólogos acreditam que certos tipos de comportamento são inatos. Estes aparecem com tendências que serão desenvolvidas por meio do processo de aprendizagem por ensaio e erro. Leibniz, ainda em seu livro citado, esclarece que "as ideias e as verdades estão inatas em nós como inclinações, disposições, hábitos ou virtualidades naturais e não como ações". A virtude, para ele, não é inata, mas, a sua ideia, sim.

Leibniz combate a teoria empirista de Locke que considera o intelecto como *tabula rasa*. Retoma e reformula o inatismo. Assim, nada há no intelecto que não tenha passado primeiro pelos sentidos – "a não ser o próprio intelecto". É um elementista, pois a sua visão do mundo é a de que seres e coisas são constituídos pela superposição de unidades elementares.

Emanuel Kant[7] (1724-1804) nasceu em Konigsberg, Prússia. Encontra-se, ainda, entre os filósofos do empirismo crítico. Realizou vários trabalhos no campo da física e da matemática.

Embora empirista, admite meios inatos de perceber o mundo. Aquela ordem e coerência que se vê na natureza é aquela ordem e coerência que se impõe a ela, pela capacidade inata de perceber. A natureza, como explica, jamais poderá ser conhecida, em si mesma,

---

7. Deixou numerosos trabalhos em várias áreas: física, química, matemática e filosofia. Entre as filosóficas encontram-se: *Dissertação sobre as formas e os princípios do mundo sensível e inteligível; Crítica à razão pura; Crítica à razão prática.*

como realmente é. Ela só poderá ser conhecida como aparece na experiência, como fenômeno ocupando lugar no espaço e sucessão no tempo e determinada pelas formas de pensamento dos modos e capacidade de conhecer. É portanto um fenomenologista[8].

Assim como não se pode conhecer a natureza de uma forma direta, também não se pode conhecer a alma que a percebe. O conhecimento só poderá advir por meio de suas manifestações, ou seja, em termos de causa e efeito. Aceita, como Leibniz, o princípio de causa e efeito (finalismo). Com estes princípios, nega a possibilidade de obter o conhecimento direto da alma, como pretende a psicologia racional. Diz ser tão impossível o conhecimento direto e científico da alma, quanto é, segundo ele, o da metafísica. Afirma, por outro lado, a existência de uma única psicologia: a empírica – "nem o mundo, nem o eu, podem ser conhecidos pela mente humana em sua verdadeira natureza". No entanto, mostra, também, as limitações da própria psicologia empírica, quando afirma a impossibilidade de seu conteúdo ser reduzido a termos quantitativos e, assim, ser analisado com exatidão, como acontece com as outras ciências. Reconhece que o homem não é só razão pura, mas também prática. Sua consciência moral é uma realidade em que a razão atua sobre a ação. Seu sistema, ao mesmo tempo que é racionalista é empirista, filosoficamente.

Kant reconhece o poder do intelecto somente em relação à experiência, pois qualquer outro conhecimento fora dela é inválido, sem fundamento. O conhecimento absoluto, tanto do mundo quanto do eu, pretendido pela psicologia racional, não é possível. O conhecimento, para ser científico, tem que ser empírico. O conhecimento racional, do qual a psicologia faz parte, é sem base.

Johann Friedrich Herbart[9] (1776-1841) nasceu na Alemanha. Sucessor de Kant, pertence ao grupo filosófico do empirismo crítico, representando, no entanto, o lado mais positivo do movimento

---

8. O fenomenismo é a doutrina que prega que o homem só pode conhecer os fenômenos, ou seja, a aparência sensível do real. É a percepção imediata, direta da realidade. O conhecimento se restringe na percepção do objeto e em nada além do que foi percebido, assim é impossível conhecer a essência das coisas.

9. Alguns livros da obra de Herbart: *Tratado introdutório à filosofia*; *Psicologia como ciência*; *Lições de pedagogia*.

menos idealista. Poderia, também, estar colocado juntamente com o grupo associacionista, pois tentava explicar os fenômenos mais complexos da mente em função de ideias simples.

O ponto alto do seu sistema foi o estudo da inibição das ideias. Existe na vida mental um número grande de ideias, todas pretendendo se preservar e se conservar em nível consciente. No entanto, existem umas que, a determinado momento, são mais fortes que outras, devido, talvez, à carga emocional. Estas, então, inibem ou repelem as outras, que são mais fracas ou incompatíveis com elas, para o limiar abaixo do consciente, ou seja, o subconsciente. Estas, no entanto, não desaparecem e esperam a oportunidade para ascender ao nível consciente. Herbart chamou, a esse processo, de apercepção, e o grupo de ideias do consciente que integra as ideias provindas do subconsciente, designou de massa aperceptiva. Assim, a nossa vida mental é um campo de luta entre as ideias, prevalecendo sempre as mais fortes que variam em tempo de duração e intensidade. A sua teoria da inibição das ideias, admitindo-as ativas mesmo abaixo do limiar da consciência, é a mesma aceita pela psicanálise.

Herbart diferiu de Kant no tocante à sua concepção de que a psicologia seria empírica, mas não poderia ser quantitativa. Herbart admitia que a psicologia poderia ser quantitativa, porém, não seria experimental. Ao considerar que a psicologia pudesse ser quantitativa, Herbart colaborou para que ela se tornasse também experimental, pois uma coisa está ligada à outra.

Herbart foi dos primeiros a estender a psicologia ao campo educacional, iniciando-a como psicologia aplicada. Tornaram-se clássicos os cinco passos que prescrevia para se ministrar uma aula:

1. Rever a matéria anterior.

2. Preparar para o que vem a seguir, construindo, na mente, a massa aperceptiva.

3. Quando a mente estiver bem preparada, apresentar a matéria.

4. Relacionar a matéria nova com a anterior.

5. Abrir perspectivas, mostrar aplicações e preparar para o que virá depois.

É considerado o fundador da pedagogia científica.

O empirismo crítico é marcado pelo espírito indagador e questionador característico desse grupo de pensadores, que buscou respostas para o que se sabe realmente e como se adquire este saber? Seus estudos trouxeram esclarecimentos que foram fundamentais na organização da nova ciência. As questões do período clássico grego foram retomadas, aprofundadas e complementadas. Entre as discussões que marcaram presença se encontram: dualismo alma x corpo; empirismo x nativismo; empirismo x racionalismo. A tendência forte desse grupo foi mostrar que o conhecimento é adquirido através dos sentidos (empirismo); daí a possibilidade de uma psicologia científica, experimental. Muito embora tenha chegado a essa conclusão através da razão e não da experimentação, pois a psicologia nessa fase é essencialmente filosófica. Quanto ao dualismo alma x corpo não se encontrou uma posição comum. Por volta da metade do século XIX, já era possível vislumbrar uma psicologia numa fase pré-experimental, pois já era possível identificar o seu objeto de estudo fazendo parte da natureza, podendo assim ser estudado de forma experimental.

Antes de se passar para o estudo do associacionismo, será lembrado, aqui, o filósofo alemão Christian Wolff, pelo que representou como antítese do empirismo crítico e por sua definição de psicologia.

O pensamento de Christian Wolff: uma antítese do empirismo crítico

Christian Wolff[10] (1677-1754), alemão. Foi sobretudo opositor de Kant. Enquanto Kant afirma que não se pode conhecer a natureza e a alma a não ser através de suas manifestações (fenômenos) e, portanto, de forma empírica, Wolff admite que o conhecimento da alma é possível através do exercício da razão pura, sendo, por isso, adepto do racionalismo. Em outras palavras, como filósofo idealista, afirma que a fonte do conhecimento não é constituída pelas sensações, como querem os empiristas, e sim, pela capacidade do conhecimento racional, independente das informações que chegam do mundo exterior. Essa posição, no mínimo, retarda o desenvolvi-

---

10. Além das obras citadas, escreveu: *Lógica; Elementos de conhecimento do universo.*

QUADRO SINTÉTICO
Psicologia – Pré-científica
Idade Moderna e Contemporânea
RAIZ FILOSÓFICA – Inicia-se no séc. XVI
EMPIRISMO CRÍTICO

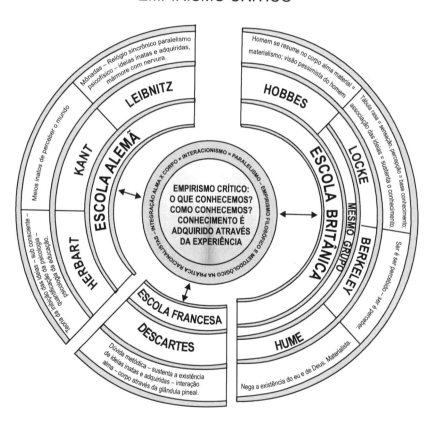

mento da psicologia como ciência. Wolff é partidário do dualismo alma x corpo, aceitando a posição de Leibniz do paralelismo psicofísico (relógios sincrônicos). Em consequência dessa posição, foi o divulgador de Leibniz.

Wolff concebia a alma dotada de um certo número de poderes que seriam as faculdades mentais, ou seja, o raciocínio, a memória, o juízo, a imaginação, o sentimento e a capacidade de compreender e de amar. Estas faculdades seriam a explicação da relação entre mente e corpo. O movimento empirista lutou contra essa posição e Wolff encontrou seu verdadeiro opositor em Herbart, seu conterrâneo. Wolff definia a psicologia como estudo das faculdades mentais, o que Herbart condenou. No entanto, foi muito utilizada mais tarde pelos frenologistas.

A psicologia de Wolff está contida em duas importantes obras: *Psicologia empírica* e *Psicologia racional*.

Referências

Para um estudo mais aprofundado do capítulo, além das obras de cada autor, pode-se ler:

HEIDBREDER, Edna. *Psicologias do século XX*. São Paulo: Mestre Jou, 1981.

KLEMN, O. *History of Psychology*. Nova York: Charles Scribner's Sons, 1914 [Existe uma edição em espanhol: *Historia de la Psicología*. Madrid: Jorro, 1929].

LARROYO, Francisco. *História geral da pedagogia*. São Paulo: Mestre Jou, 1970.

REUCHLIN, M. *Historia de la psicología*. Buenos Aires: Paidós, 1964.

RUSSEL, Bertrand. *História da filosofia ocidental*. 3 vols., São Paulo: Editora Nacional, 1967.

5.2. O associacionismo britânico

Dentre as tendências filosóficas que contribuíram para o desenvolvimento da psicologia experimental, encontra-se o associacionismo. A sua questão central se resume em saber o que faz com que as ideias se unam e se guiem umas às outras e como estas ideias associadas se tornam estáveis e duradouras. Em outras palavras, o associacionismo buscava estabelecer os princípios e as leis da associação de ideias. Para isso, analisaram a vida psíquica: a consciência, as ideias e o conhecimento, com o fim de buscar a unidade básica da mente e o modo como, a partir dessas unidades, elas se associam e formam o complexo mundo mental. Esse processo caracteriza o associacionismo como sendo essencialmente elementista. As sensações e as percepções sensoriais são o elemento ou essa unidade da mente, que procuravam. Como se vê, os associacionistas seguem a linha aristotélica do empirismo, que coloca os órgãos dos sentidos como a porta do conhecimento e a sensação como o seu primeiro degrau. Locke, Berkeley e Hume, embora pertencentes ao grupo do empirismo crítico, adotam o mesmo ponto de vista aristotélico, ao tentar explicar os fenômenos mentais complexos, por meio da interligação dos seus elementos, como fazem os associacionistas.

Os associacionistas aceitaram os princípios ou leis de associação que já haviam sido estabelecidos por Aristóteles. São eles: associação por contiguidade, semelhança e contraste. Isto é, a associação se dá quando há contiguidade, proximidade ou vizinhança, por exemplo, o número dois lembra o três e assim por diante. Dá-se, por semelhança, quando há similitude ou analogia nas coisas, como na forma, nas cores, no tamanho etc. Ainda, a associação se dá por contraste, quando há oposição ou antagonismo entre os fatos ou fenômenos associados: noite e dia, claro e escuro etc.

O associacionismo recebeu várias denominações. Para Thorndike essa interligação dos elementos foi denominada de conexionismo, enquanto Brown substituiu o termo associação por sugestão, como se verá a seguir.

A corrente associacionista moderna floresceu sobretudo na Inglaterra e Escócia e vem como uma sequência do empirismo crítico,

71

que também foi representado nesses países. O associacionismo ainda continua presente nos estudos atuais de psicologia.

David Hartley[1] (1705-1757) nasceu na Inglaterra. Complementando as ideias de Aristóteles, afirma que as associações simples se reúnem em grupos ou ideias complexas. No seu entender, as sensações experimentadas juntas serão relembradas juntas como, por exemplo, a música traz a lembrança da pessoa que estava presente quando foi ouvida. Considera essa a lei geral da associação. Entende, ainda, que a associação pode ser sucessiva ou simultânea. A sucessiva determina a sequência no tempo; exemplo: fulano tropeçou e caiu. A simultânea responde pela formação das ideias complexas, ou seja, aquelas que abrangem muitos elementos ao mesmo tempo; exemplo: a ideia de casa envolve a ideia de parede, telhado, tijolo, a ideia das formas etc. Inclui, ainda, em suas leis, a da repetição. Quanto mais frequente for a associação, mais estável e duradoura ela será.

Quanto ao dualismo mente x corpo, Hartley aceita dois tipos de fenômenos: os mentais e os físicos, que não são iguais, mas seguem paralelamente de modo a se influenciarem mutuamente. Os fenômenos mentais seriam compostos por sensações e ideias. As sensações teriam base no sistema nervoso e no cérebro, enquanto as ideias só teriam base no cérebro. Do lado físico haveria as vibrações e infravibrações do sistema nervoso e do cérebro respectivamente. A conexão entre mente e corpo se daria da seguinte forma: as vibrações ou os pequenos movimentos do sistema nervoso desencadeariam as sensações que têm base nele, estas, por sua vez, desencadeariam as infravibrações, ou seja, movimentos pequeníssimos no cérebro que então gerariam as ideias. Esse mecanismo, associado à lei geral da associação, explicaria as construções mentais simples ou complexas e a interação mente x corpo. Como médico, a tendência de Hartley era fazer uma psicologia fisiológica, o que contribuiu, de certa forma, para torná-la uma psicologia experimental. Hartley organizou de forma coerente a doutrina do associacionismo moderno, é por isso considerado um de seus mais importantes representantes.

---

1. Em seu trabalho *Algumas observações sobre o homem* resume o seu pensamento, cuja tentativa era de fazer uma psicologia fisiológica.

Às características da associação citadas acima, Thomas Brown acrescenta as de vitalidade, intensidade e recenticidade, que seriam condições para que a lei geral da associação pudesse agir. Isto é, a associação será mais efetiva, quando as lembranças vierem mais carregadas de força, vigor e forem mais novas ou mais recentes, em outras palavras, que tiverem mais proximidade temporal. Brown substituiu o termo associação por sugestão, isto porque uma ideia pode sugerir outra. Hamilton acrescenta à associação a noção de reintegração, ou seja, um elemento que faz parte de um composto associativo, ao ser reativado, pode trazer à tona todo o composto. O exemplo da música que, ao ser reativada, traz, para o nível consciente, todo o composto que a envolveu (pessoas, ambiente etc.).

Representando o associacionismo no seu apogeu, vem:

James Mill[2] (1773-1836) nasceu em Northwater, Escócia. Foi a expressão máxima do associacionismo. É elementista e concebia a mente como um composto de sensações e ideias simples e complexas. Para ele, existe um princípio básico na associação – a contiguidade. O todo mental, para James Mill, é a soma das ideias ou dos elementos. A ideia de casa é formada de muitas ideias compostas, como vimos acima.

John Stuart Mill[3] (1806-1873), Londres, filho de James Mill, preferia o termo "química mental" para designar a composição ou a associação de ideias. Para ele, tal como nos compostos químicos, as ideias compostas podem gerar resultados novos ou ideias novas que não estavam presentes nos elementos em separado. Elas são geradas, isto é, são o resultado de uma amálgama das ideias simples e não formadas, ou seja, agrupadas, sobrepostas. Seguiu a linha do pai quanto ao elementismo. Fez da indução o método científico por excelência, partindo-se sempre dos fatos, pois para ele a experiência

---

2. Publicou *Elementos de economia política*.

3. Como grande filósofo foi também grande escritor. Seu pensamento ultrapassou a Inglaterra e exerceu considerável influência nos Estados Unidos e em vários campos de atividade. Entre as suas obras estão: *Sistema de lógica dedutiva e indutiva, em conexão com os princípios e métodos da pesquisa científica; Utilitarismo; Sobre a Liberdade*.

é a base do conhecimento. Sendo, portanto, experimental, a psicologia poderia ser uma ciência autônoma. É considerado o maior filósofo inglês do século XIX.

Herbert Spencer[4] (1820-1903) nasceu em Derby, Inglaterra. A teoria de Herbert, que inclui a ideia do associacionismo evolucional, precede a teoria das espécies de Darwin. No seu entender, as associações que forem frequentemente repetidas na vida do indivíduo, ou do grupo racial, serão transmitidas às gerações seguintes como instinto, que ele denomina de evolucional: a construção do ninho do "João de Barro", por exemplo. Este instinto é, assim, inato, isso quer dizer que o pássaro não tem uma escola para aprender a fazer o seu ninho, nem a aranha a sua teia, aquele saber acompanha a espécie, ou melhor, a raça. No entanto, admitia uma adaptação do instinto a ambientes diversos. É o que Darwin vai complementar, dizendo da sobrevivência dos mais aptos, aqueles que souberam dar, para cada situação, a resposta adequada. Esse sobrevive. Essa adaptação ou esse ajustamento é, para Herbert, a meta do associacionismo na educação, que deve facilitar o ajustamento do indivíduo ao ambiente, ideia que foi aproveitada pelo funcionalismo, mais tarde. Como associacionista foi elementista, tanto no que concerne à evolução das espécies (da mais simples para a mais complexa), quanto ao que se refere à formação das ideias (associação de ideias simples). Isso também se nota quando trata da estruturação do sistema nervoso: se o sistema nervoso for lesado, o processo de dissolução que ocorreria o levaria a condições mais simples de atuação; ainda é elementista no referente à sociedade, pois a considera como organismo formado de célula que na sociedade seriam os indivíduos.

Charles R. Darwin[5] (1809-1882) nasceu em Shrewsbury, Inglaterra, dá continuidade ao pensamento evolucional e ao ajustamen-

---

4. Tentou unificar num todo coerente a filosofia e a ciência de seu tempo, baseando-se na ideia de evolução. Surgiu então o *Sistema de filosofia sintética*. A série é composta de: *Primeiros princípios; Princípios de biologia; Princípios de psicologia; Princípios de sociologia; Princípios de moralidade.*

5. Sem dúvida, a principal obra de Darwin foi a *Origem das espécies.* Escreveu muitas outras, das quais se selecionou: *A descendência e seleção em relação ao sexo; A expressão das emoções no homem e nos animais.*

to. No seu entender sobrevivem, na natureza, os mais aptos, aqueles que conseguem melhor se ajustar ao ambiente, os bem sucedidos. Essa é, em síntese, a sua teoria das espécies. Suas ideias foram revolucionárias, pois destronou o conceito de criação do mundo, em que cada coisa era criada isoladamente. Dentro desse contexto, o homem deixou de ser uma criação especial e passou a ser o fruto de uma evolução. Daí ter despertado o interesse pelo estudo do homem em relação à sua origem, seu desenvolvimento genético (transmissão dos caracteres hereditários no indivíduo) e filogenético (evolução das espécies). A psicologia ultrapassou a dimensão do homem em si (seus caracteres, sua estrutura mental etc.) e passou a considerá-lo na sua totalidade: um ser integrado num sistema maior e que deve ser estudado em relação à sua história e seu ambiente. A psicologia se direciona também dentro de uma perspectiva mais naturalista e o estudo dos processos mentais visam à adaptação do organismo como um todo ao meio ambiente. As ideias de adaptação, ajuste, êxito, fracasso, hereditariedade, meio, formaram um novo braço da psicologia, ultrapassando os estudos da consciência e da introspecção. Lançou assim os fundamentos do funcionalismo.

A sua teoria é baseada no associacionismo e elementismo em que as espécies animais formam uma escala contínua: as mais simples geradas primeiro dão origem às mais complexas.

Alexander Bain[6] (1818-1903) nasceu na Inglaterra. Através de seus dois livros, sistematizou o associacionismo, por isso é considerado um de seus representantes. Publicou *Os sentidos e o intelecto* e *As emoções e a vontade*, que foram os primeiros livros de psicologia publicados em inglês. Nestes livros fala sobre o sistema nervoso, as leis da associação: contiguidade e semelhança, e ainda fala sobre a vontade. No outro livro que publicou, denominado *Mente e corpo*, adota a posição do paralelismo psicofísico em relação à questão mente x corpo.

O associacionismo teve papel relevante no desenvolvimento da psicologia. Buscava examinar os problemas, o pensamento, dentro

---

6. Além das obras citadas, pode-se mencionar: *Lógica dedutiva e indutiva*, em que revela no seu pensamento a influência do positivismo de Auguste Comte.

RAIZ FILOSÓFICA – Inicia-se no séc. XVI
ASSOCIACIONISMO

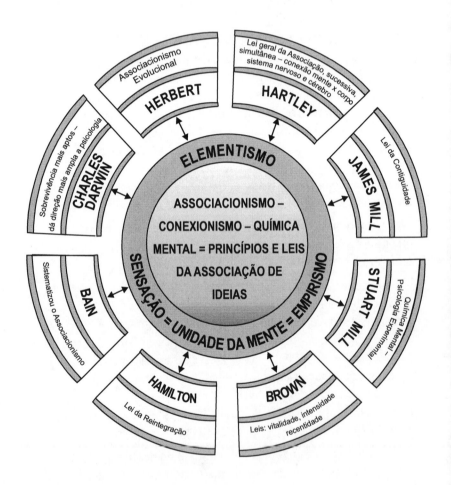

da realidade das ciências naturais e em tudo que podia ser observado, estabelecendo as leis naturais que os regem. Funcionou como uma escola, trabalhando todos dentro dos mesmos princípios e orientação. Helmholtz e Wundt levaram para a Alemanha o associacionismo inglês. Foi, assim, que ele se tornou parte consistente da psicologia científica.

Referências

Para maior compreensão do capítulo, pode-se ler, além das obras dos autores citados:

HEIDBREDER, Edna. *Psicologias do século XX*. São Paulo: Mestre Jou, 1981.

IRVINE, Williams. *O pensamento vivo de Darwin*. São Paulo: [s.e.], [s.d.].

MUELLER, Fernand Lucien. *História da psicologia*. Mem Martins: Publicações Europa-América, 1979.

SIDOROV, Marten Mihailovich. *A evolução do pensamento humano*. Lisboa: Editorial Presença, [s.d.].

WATSON, R.I. *The Great Psychologists*: from Aristotle to Freud. 2. ed., Filadélfia: Lippincott, 1968.

5.3. Materialismo científico

O materialismo é uma tendência que remonta desde os filósofos gregos do período cosmológico. Os princípios lançados na época têm sido retomados ao longo do tempo. Entre eles, encontra-se a eliminação total de mitos e princípios religiosos, pois a matéria que compõe a natureza é incriada e tudo nasce nela e volta a ela. Daí a necessidade de se conhecer qual era esse elemento fundamental: água? fogo? átomo? etc. Esses elementos que estão em constante movimento se regem por leis físicas próprias que levam à geração dos seres e a sua destruição, eliminando qualquer interferência do sobrenatural, do destino etc. A alma também está incluída nessa matéria, e, dessa forma, o conhecimento só é possível por meio da experiência. Tales, Anaxágoras e Demócrito foram os primeiros a lançar essas raízes que se resumem num monismo materialista. Platão é a antítese desse materialismo ao pregar o idealismo, embora aceite o dualismo corpo x alma. Aristóteles faz uma síntese, conciliando o materialismo com o idealismo. Admite uma alma imortal, mas o conhecimento é adquirido através dos sentidos (dualismo alma x corpo). Até à escolástica, o idealismo platônico foi o preferido; com ela, o aristotelismo o substituiu. Descartes lança na França as bases do materialismo moderno, que ganha impulso com os filósofos da ilustração, ou seja, da "Época das Luzes". Nessa época (séc. XVIII), as ciências já haviam se desenvolvido e com elas o materialismo toma impulso e passa a ser um materialismo científico. É esse materialismo científico que vai ser um dos precursores imediatos da psicologia científica.

Essa tendência teve, como objetivo central, reduzir os fenômenos mentais e do comportamento a fenômenos naturais. Pois só assim poderiam ser estudados como as outras ciências físicas e matemáticas. Aquilo que não é observável ou que é sobrenatural não faz parte da ciência. Com esses pressupostos, os filósofos do materialismo científico optam por um monismo materialista em que a última realidade é material, corporal. Desconhecem a atividade espiritual, dando sequência principalmente ao movimento científico, já analisado anteriormente. Essa tendência teve vários adeptos na França, Inglaterra e Alemanha. A sua gênese se encontra na França com Descartes. Serão estudados a seguir alguns nomes que contribuíram de forma decisiva na sua elaboração.

Escola francesa

Julien O. de La Mettrie[1] (1709-1751) nasceu em Saint-Malo, França. Estende o pensamento de Descartes ao homem. Descartes considera que apenas os animais são autômatos ou máquinas intrincadas e que o corpo do homem, embora tenha ação mecânica, possui a alma pensante que modifica esses mecanismos. La Mettrie, no entanto, vai mais adiante, considera que todas as ações humanas

---

1. Escreveu: *História natural da alma*; *Politique de Medicine*; *O homem planta*; *A arte de desfrutar*; *Venus metaphysique*.

podem ser descritas mecanicamente, de forma objetiva, material e natural. Dessa forma, condena o dualismo espírito x matéria que Descartes preconiza. Critica Leibniz pelo seu monismo espiritualista. Para ele, ao invés de se ter espiritualizado a matéria o certo seria materializar a alma. Daí o seu monismo materialista. Os fenômenos psíquicos são considerados como resultado de alterações orgânicas no cérebro e sistema nervoso. Demonstra isso através de sua obra *L'Homme Machine*, escrita em 1748, onde consolida as bases do materialismo. A teoria de La Mettrie vai embasar a escola behaviorista.

Etienne Bonnot de Condillac[2] (1715-1780) nasceu em Grenoble, também da escola francesa, prossegue na mesma linha de seu antecessor e afirma que o comportamento humano pode ser explicado material e mecanicamente. Reconhece uma única fonte de conhecimento – a sensação. Sua teoria é a do sensacionismo, isto é, a sensação é suficiente para explicar as diversas funções da mente humana, sejam elas simples ou complexas. Rejeita o princípio de Locke, que apresenta duas fontes do conhecimento – a sensação e a reflexão. Para Condillac, a comparação entre as sensações faz nascer as funções psíquicas, ou seja, os conteúdos da mente – juízo, raciocínio, abstração, generalização etc. Era, assim, contra toda a metafísica e idealismo. Contestou o idealismo cartesiano ao afirmar que a alma e as ideias se resumem à experiência. Afirma ainda que o desenvolvimento do homem se condiciona à educação que recebe e ao meio ambiente. Ponto de vista adotado pelo behaviorismo.

Pierre Jean Georges Cabanis[3] (1757-1808), francês. Coloca a consciência e a digestão no mesmo patamar. A diferença está nos órgãos responsáveis pelo funcionamento de cada uma. Assim, a consciência é função do cérebro, enquanto a digestão é função do estômago. Cabanis dá continuidade à linha francesa de pensamento da época, rejeitando o dualismo mente x corpo e optando por um monismo materialista: o homem se reduz ao seu corpo. Segundo ele, todas as ações humanas, até as mais elaboradas, como as atitudes morais, são fruto de uma lei natural que age no corpo físico. É assim mecanicista e materialista.

---

2. Entre a obra de Condillac encontram-se: *Ensaio sobre a origem dos conhecimentos humanos; Tratados dos sistemas; Tratado das sensações.*

3. Cita-se de Cabanis: *Relações entre o físico e o moral do homem.*

Escola britânica

O materialismo britânico também foi representativo. É sabido que o materialismo científico está ligado ao desenvolvimento da fisiologia. Foi assim que Harvey, já antes de Descartes, descrevia o movimento do coração e do sangue como mecânicos, hidráulicos, sem nenhum animismo ou interferência de espíritos vitais. Também dentro desta linha, Hartley busca reduzir os processos mentais a processos naturais dentro do sistema nervoso.

Escola alemã

Um dos mais representativos da escola alemã foi Hermann Von Helmholtz[4] (1821-1894) que nasceu em Potsdam. Como físico, fisiólogo e psicólogo, contribuiu com a ciência de sua época. Realizou estudos nos órgãos dos sentidos, como olho e ouvido. Conseguiu demonstrar a complexidade dos processos fisiológicos, como é o ver e o ouvir. Ainda mostrou que esses processos podem ser estudados através das ciências naturais. Seus estudos vieram demonstrar a possibilidade de observar, cientificamente, a sensação e a percepção, processos esses considerados como fundamento da vida mental. Helmholtz quis mostrar que os fenômenos ou material psicológico podem ser estudados através da experimentação exata. É considerado um dos maiores cientistas alemães do século XIX, pela profundidade e amplitude de seus estudos.

Outros nomes poderiam ser lembrados como os de: Johannes Müller (Leis das Energias Específicas dos Nervos Sensoriais) e Ernest Weber (Com a sua descoberta da teoria do limiar diferencial da sensação ou diferença imperceptiva), entre outros. No entanto, como o objetivo desse trabalho é dar uma visão sintética do tema, limitou-se ao estudo dos autores julgados mais representativos.

Em síntese, depois de todo o desenvolvimento da física, da fisiologia, da biologia, da química, da descoberta dos métodos científicos

---

4. Tem muitas obras, entre elas estão: *Manual de ótica fisiológica; A doutrina da sensação do som como fundamento fisiológico da teoria musical; Discursos e conferências; Tratados científicos.*

Idade Moderna e Contemporânea
RAIZ FILOSÓFICA – Inicia-se no séc. XVI
MATERIALISMO CIENTÍFICO

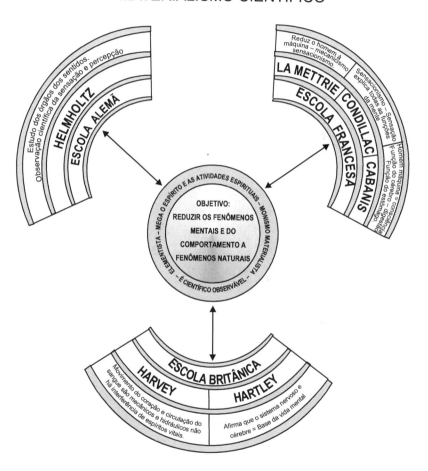

experimentais, da fundação dos laboratórios para pesquisa, da afirmação das principais correntes filosóficas, como o empirismo crítico, o associacionismo e o materialismo científico, a psicologia passou a ter todas as condições para despontar como ciência autônoma.

Referências

Podem completar o estudo do capítulo as seguintes obras:

HEIDBREDER, Edna. *Psicologias do século XX*. São Paulo: Mestre Jou, 1981.

MUELLER, Ferdinand Lucien. *História da psicologia*. Mem Martins: Publicação Europa-América, 1979.

REUCHLIN, Maurice. *História de la psicología*. 2. ed. Buenos Aires: Paidós, 1964.

THALHEIMER, August. *Introducción al materialismo dialéctico*. Buenos Aires: Ed. Claridad, 1962.

6. Tendências isoladas da época: desenvolveram-se fora do cenário das correntes científicas e filosóficas

Para complementar o cenário do nascimento da psicologia científica é importante lembrar a presença de outras correntes que foram suas contemporâneas e que não foram incorporadas por ela. Embora derivadas de algumas raízes comuns à psicologia científica, deram outro enfoque à psicologia, como se verá a seguir.

Embora Wundt ocupasse o maior espaço dentro do cenário da psicologia, no final do século XIX, ele não reinou soberano. Muitos outros psicólogos atuaram de forma efetiva, mantendo pontos de vista diferentes do seu e do que foi sistematizado na psicologia científica. Rejeitaram, *a priori*, a análise da consciência e a sua decomposição em elementos, como fazia o sistema wunditiano. Eram, pois, contra o elementismo e o associacionismo. Viam os fenômenos mentais como totalidades. Entre as principais, destacam-se: a psicologia do ato, a fenomenológica e a romântica. Seus representantes foram respectivamente: Franz Brentano, Edmund Husserl e Rousseau.

Psicologia do ato

Franz Brentano[1] (1838-1917), alemão, de origem italiana, foi o criador da psicologia do ato, ponto que o distinguiu de Wundt. Define a psicologia como ciência da alma. Em consequência, dá um dinamismo ao processo mental que significa, no seu entender, um ato (ação) que é distinto de um estado psíquico. O ato ou a ação mental não tem um conteúdo em si mesmo, ele se refere a um objeto exte-

---

1. A principal obra de Franz Brentano é *Psicologia do ponto de vista empírico*; outras obras: *Aristóteles e sua cosmovisão*; *Da origem e do conhecimento moral.* Para estudar Franz Brentano pode-se ler: CRUZ HERNANDEZ, Miguel. *Francisco Brentano.* Salamanca: [s.e.], 1953.

rior. Assim, os fenômenos da audição e da visão são processos ou atos psicológicos, enquanto, o som percebido ou o objeto percebido são o conteúdo do ato. O amor e o ódio são processos ou atos mentais, e, como tal, se dirigem para alguma coisa, algum objeto, alguma pessoa. A consciência, assim, se direciona para um objeto, que se define como objeto intencional e não físico ou material. O que é psicológico é o ato de ver, sentir, imaginar e não o objeto visto, imaginado. O processo ou ato precisa do conteúdo, mas é distinto dele, representa um objeto que está fora dele. Por conseguinte, os processos mentais ou psicológicos são atos e não conteúdo, como quer Wundt. Distingue assim o fenômeno físico do psíquico.

Considera, ainda, que os atos psíquicos são globais, são totalidades e que, portanto, não se decompõem em seus elementos. Para Brentano, só se podem decompor os objetos e corpos da física, da química, e não os psicológicos. Assim, para o estudo dos atos psíquicos, dever-se-ia usar o método empírico da observação e não o da experimentação. Por isso, rejeitava a ideia de uma experimentação sistemática e constante de tudo, como é praxe na psicologia experimental wunditiana. A experimentação deveria ser apenas em pontos cruciais, aqueles que fossem necessários para esclarecer questões vitais da psicologia. A psicologia do ato é, assim, contra toda psicologia que tem por princípio o elementismo e o associacionismo. Foi, por isso, considerada a precursora da escola da gestalt.

Psicologia fenomenológica

Carl Stumpf (1848-1936) e Edmund Husserl[2] (1859-1938). A outra tendência a que se referiu acima é a da psicologia fenomeno-

---

2. A obra de Husserl é bem extensa e variada. Entre as mais pertinentes ao assunto, encontram-se: *Estudos psicológicos para uma lógica elementar; Investigações lógicas; Ideias para uma fenomenologia para a filosofia fenomenológica; Lições para fenomenologia da consciência interna do tempo; A crise das ciências europeias e a fenomenologia transcendental.* Para um aprofundamento da filosofia fenomenológica, pode-se ler, entre outros: XIRAN, Joaquim. *La filosofia de Husserl.* Buenos Aires: [s.e.], 1941. LYOTARD, Jean François. *La Phénoménologie.* Paris: [s.e.], 1967[6]. MERLEAU-PONTY, Maurice. *La estructura del comportamento.* Buenos Aires: Hachette, 1957. MOURA, Carlos Alberto Ribeiro de. *Crítica da razão na fenomenologia.* São Paulo: Nova Stella, Edusp, 1989.

lógica. Seu representante foi Carl Stumpf e principalmente Edmund Husserl, considerado seu representante maior, foi quem a desenvolveu. Alemães eram rivais de Wundt e ligados a Brentano. As ideias básicas da escola fenomenológica encontravam-se em Brentano. Como este, identificam as funções mentais como processos psicológicos ou atos e conservam a visão de intencionalidade dos atos em relação aos objetos.

Stumpf considera que os processos ou fatos primários são fenômenos que devem ser estudados imparcialmente, tal como aparecem na observação. A psicologia se ocuparia das funções mentais e da relação entre os fenômenos, ou seja, daquilo que aparece, que se manifesta. Husserl definia a escola fenomenológica como sendo o estudo dos fenômenos puros, visando à evidência primordial, primeira, aquela tal qual aparece na experiência. Diz, ainda, que ela é o estudo descritivo de tudo quanto se revela no campo da consciência, ou seja, os fenômenos psíquicos. Em seu artigo "Phenomenology", Husserl apresenta a fenomenologia como um método, que ele diz, dirigido a priori, a uma disciplina psicológica e em seguida a uma filosofia universal. Esta possuiria critérios capazes de fazer a revisão metódica de todas as ciências.

A escola fenomenológica teve grande influência sobre a gestalt, pelas mesmas razões que teve a psicologia do ato. Como tratou, também, das funções da mente, influenciou, por consequência, o funcionalismo. A psicologia fenomenológica é chamada, também, de psicologia humanista e é considerada a versão europeia da escola funcionalista.

Muitos outros estudiosos do assunto marcaram presença nessa fase, ampliando de forma significativa o campo da psicologia. Mantiveram-se, alguns, a favor da fenomenologia, como G.E. Muller (1850-1934), Ewald Hering (1834-1918), Ernst Mach (1838-1916), Oswald Kulpe (1862-1915), a escola de Würzburg; outros preservaram sua identidade, como Hermann Ebbinghaus (1850-1909), Francis Galton (1822-1911), William McDougall (1871-1938); outros, ainda, estiveram ao lado de Wundt, como Hugo Münstergerg, Alfred Lehmann, Carl Lange, Stanley Hall, James Catell. Um dos mais importantes seguidores de Wundt foi Titchener, que esteve à frente da escola estruturalista. A Alemanha, a Inglaterra, a Checoslováquia e os Estados Unidos, mais tarde, com os discípulos de Wundt, estiveram representados nesse grupo. A Suíça marcou presença na pessoa de Rousseau, que pôs em cena o movimento romântico, completando, assim, o cenário da época.

Escola romântica e naturalista

Jean-Jacques Rousseau[3] (1712-1778) é considerado escritor francês, embora tenha nascido em Genebra, na Suíça. Representa o movimento romântico, que deve ser lembrado pela guinada que dá na orientação do estudo da psicologia. Até então, tinha sido ressaltado, no homem, o seu aspecto intelectual e racional. Era o ser em busca da verdade e do saber. Rousseau, um romântico, achava essa ideia falsa e procurava mostrar que a verdadeira natureza do homem é emocional. Tudo o que viesse inibir o homem no desabrochar de sua natureza pura e selvagem seria peia e escravidão. Girou o ponteiro da psicologia, do intelecto para a emoção. Hoje, o aspecto emocional, na psicologia, é totalmente aceito.

Influenciou, também, a educação, direcionando-a para a natureza (naturalismo), pois encontrava nela o fim e o método de ensino. Era, portanto, contra todo o artificialismo das convenções sociais. Dizia: "é preciso voltar à natureza, porque é ela, com seus fenômenos vivos e forças cósmicas, a plenitude da existência. O homem não pode alcançar plena maturidade por adestramento mecânico, mas somente por um deixar fazer e um apoio prudente, cheio de tato". Considerava, ainda, que tudo sai perfeito da mão do autor das coisas e que, nas mãos dos homens, tudo se degenera. É adepto do naturalismo e romantismo. Não se enquadra em nenhuma das tendências psicológicas da época.

---

3. As principais obras de Rousseau são: *Discurso sobre as ciências e as artes; Confissões; Discurso sobre a origem da desigualdade entre os homens; A nova Heloísa; O contrato social; O Emílio ou sobre a educação; Meditações do caminhante solitário.* Para se ter uma visão mais profunda do tema, além das obras do autor, pode-se ler: SCHINZ, Albert. *La Pensée de Jean Jacques Rousseau*: essai d'interpretations nouvelle. Northampton, Mass.: 1929. • MORNET, Daniel, Rousseau. *L'homme et l'oeuvre*. Paris: [s.e.], 1950.

No final do século XIX, o quadro da psicologia é bem rico e diversificado. Sua estruturação por Wundt, como se verá a seguir, não engloba todas as correntes, embora todas elas tenham exercido, direta ou indiretamente, influência, num ponto ou noutro, no desenvolvimento posterior da psicologia.

IDADE CONTEMPORÂNEA – Séc. XIX-XX
Psicologia do Ato – Psicologia Fenomenológica
Psicologia Romântica e Naturalista

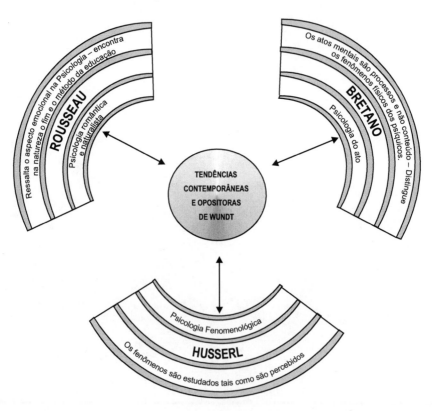

PARTE II

O DESABROCHAR DA PSICOLOGIA CIENTÍFICA

7. Os pioneiros e o pai da psicologia científica

Dois nomes se ligam à data do nascimento da psicologia e disputam a sua paternidade. São eles: Fechner e Wundt. O nome de Fechner está relacionado com a publicação de sua obra *Elementos de psicofísica* publicada em 1860. O de Wundt está ligado à publicação de seu livro *Elementos de psicologia fisiológica*, em 1864, e à criação do primeiro laboratório psicológico, em Leipzig, Alemanha, em 1879. Considerando qualquer uma dessas datas, o certo é que foi, na segunda metade do século XIX e na Alemanha, que veio à luz essa nova ciência. Isso não quer dizer que outros países não participaram do acontecimento. Já foi visto que, tanto na França como na Inglaterra, essa ciência estava bem representada e, sem dúvida, esses países colaboraram muito na efetivação desse fato. Os Estados Unidos, na época, davam os primeiros passos na conquista desses conhecimentos, com William James em Harvard.

Gustav Theodor Fechner[1] (1801-1887), alemão. Como foi dito acima, sua obra *Elementos de psicofísica* foi um marco na história da psicologia. O ponto central de suas preocupações e de sua obra era encontrar a relação existente entre mente x corpo, físico x psíquico. Adota a ideia do paralelismo, considerando mente x corpo como sendo duas faces da mesma moeda. Fechner demonstra que existe uma ligação entre esses dois mundos e é uma relação matemática, quantitativa. Para chegar a essa conclusão, fez diversas experiências, testando os processos psicológicos com os métodos das ciências exatas. Achava que as sensações só poderiam ser testadas

---

1. Escreveu, além de sua obra *Elementos de psicofísica*, outras obras como: *Opúsculo sobre a vida depois da morte; Zend-Avesta, ou sobre as coisas do céu e do outro mundo.* Sobre Fechner pode-se ler: LASSWITZ, Kurd. *Gustav Theodor Fechner.* Stuttgart: [s.e.], 1910.

através dos estímulos. Ao modificar um estímulo, aumentando-o ou diminuindo-o, este iria modificar, mais ou menos, as sensações (relação matemática). Aí estaria a chave das relações e da unidade mente x corpo. Dessas experiências, nasceram os métodos psicofísicos, experimentais e quantitativos que constituíram a sua maior e mais importante contribuição para a história do desenvolvimento da nova ciência. Foi uma contribuição metodológica. Tais métodos constituem, ainda hoje, os melhores instrumentos de pesquisa psicológica e, por isso, pode ser considerado o precursor da psicometria.

Fechner era físico, filósofo e místico. Lutou contra o materialismo e era a favor do espiritualismo. Tinha a preocupação com Deus e a alma.

Wilhelm Wundt[2] (1832-1920). A vida de Wundt e a história da psicologia foram marcadas pela publicação do livro *Elementos de psicologia fisiológica* e pela fundação, em Leipzig, do laboratório para pesquisas psicológicas. A afirmação da psicologia, como ciência autônoma e experimental, liga-se a esses dois fatos e dão a Wundt a sua paternidade.

Com a publicação do livro *Elementos de psicologia fisiológica*, em 1864, Wundt reúne, num tronco, as raízes ou tendências científicas e filosóficas da psicologia que haviam surgido até então. Ficando de fora algumas tendências isoladas, que foram analisadas no capítulo anterior. Wundt não só reúne, mas classifica e agrupa os elementos da vida mental, determina o seu objeto e objetivo, enuncia os seus princípios e os seus problemas, estabelece os métodos de estudo, enfim, estrutura e normatiza a psicologia. Com isso, dá-lhe, também, uma nova definição. A psicologia deixa de ser o estudo da vida mental e da alma e passa a ser o estudo da consciência ou dos fatos conscientes. Assim estruturada e sistematizada, a psicologia passa a ser uma ciência autônoma, não mais um apêndice da filosofia ou da fisiologia.

---

2. *Elementos de psicologia fisiológica* é o livro que representa um marco na história. Foi por seis vezes atualizado, complementado. Wundt centrou nele as suas pesquisas. *O compêndio de psicologia*, que engloba toda a sua obra, passou por dez revisões.

A fundação do laboratório para pesquisas psicológicas, em 1879, veio complementar e testar tudo aquilo que já havia sido dito no seu livro. O grande desafio e principal objetivo era o de estudar os processos mentais através dos métodos experimentais e quantitativos que eram pertinentes às outras ciências, mostrando, nessa sua preferência, a influência da raiz ou fonte científica. Os métodos constituíam o fundamento do seu trabalho. Utilizou a observação, a experimentação e a quantificação sem, no entanto, desprezar a introspecção. Limitava a experimentação ao estudo dos conteúdos experimentais básicos, tais como a sensação e a associação. Como a experimentação inclui a introspecção, ou seja, aspectos subjetivos, não poderia ser utilizada para os estudos dos processos mentais mais elevados como o pensamento, criações artísticas, personalidade etc. Achava que esses só poderiam ser estudados através dos produtos sociais e culturais, tais como a linguagem, a arte, os costumes, as leis, para o que se utilizaria o método histórico e o da observação. Com isso, se poderia descobrir a natureza dos processos mentais que geraram aqueles produtos.

Era um elementista. Analisava os compostos e complexos conscientes a partir dos elementos ou unidades: sensação e sentimentos. Era, também, um associacionista. No entanto, o resultado das associações não se restringia à soma das características dos elementos. Para Wundt, a mente executa uma síntese criadora que John Stuart Mill denominou de química mental. Essa química mental se processa através da associação que se realiza de três formas. Pela fusão, onde os elementos combinados aparecem sempre juntos, como é o caso de uma nota musical dentro de uma música. Pela assimilação, que é, também, uma combinação de elementos em que nem todos estão presentes no consciente. Quando se vê uma casa, por exemplo, podem não estar presentes, na consciência, as figuras que compõem aquela casa (triângulo, retângulo, quadrado). Como na fusão, essa combinação gera um produto novo que não é o resultado da simples soma dos elementos. A casa não é a soma das figuras, ela é um elemento novo. A terceira forma é a chamada complicação, em que se reúnem elementos de diferentes modalidades e sentidos: a noção de sabor inclui a de gosto, cheiro e temperatura.

QUADRO SINTÉTICO

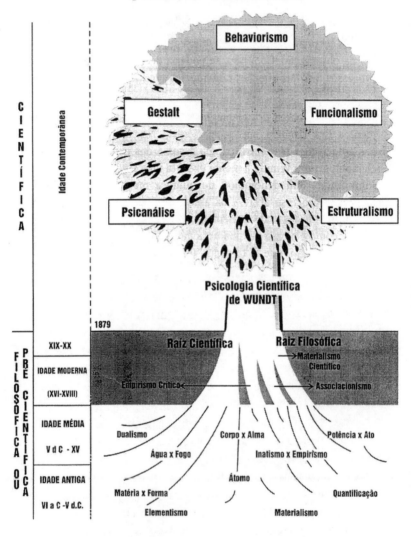

O materialismo científico também esteve presente no sistema wunditiano, ao buscar a relação entre os fenômenos psíquicos e fisiológicos, entre a mente x corpo. A solução, no seu entender, encontrava-se no paralelismo psicofísico. Isto é, uma mesma causa ou lei causal opera tanto na esfera dos fenômenos psíquicos, como na dos físicos. Os processos mentais e os processos corporais e fisiológicos decorrem, paralelamente, sem interferência mútua.

Wundt também sintetizou, na sua obra, a visão dos empiristas críticos. Foi um empirista, em oposição ao nativismo. Acreditava que a vida mental era fruto da experiência e não de ideias inatas. Acreditava, ainda, que os fenômenos mentais do presente se baseiam em experiências passadas, antecipando, de certa forma, o construtivismo piagetiano. Completando a corrente do empirismo crítico, Wundt utilizou, no seu laboratório, os métodos experimentais preconizados por esse grupo.

O laboratório de Wundt foi palco de diversas experiências. Dessas, as inerentes ao interesse pelo conhecimento e, portanto, pelo estudo das sensações (unidades de consciência) e da percepção, dominaram o cenário. Procedeu-se, nele, à medida e classificação das sensações no seu aspecto visual, tátil, olfativo e cinestésico. Mediu-se, igualmente, a sua intensidade, duração e extensão. Pesquisaram-se os sentimentos, a vontade e a emoção, registrando-se as variações físicas como, por exemplo, alteração da respiração, da pulsação etc. Também foram analisadas as variações físicas resultantes da aplicação de estímulos do domínio do agradável-desagradável, do tenso-distendido, do excitado e do deprimido. A atenção foi outro ponto, alvo de interesse. Sua importância está ligada à distinção que fez entre foco e campo da consciência. A consciência é composta de duas partes: o foco – onde os objetos são percebidos com clareza e distinção – e o campo – que forma a periferia do foco, não recebe tanta luz, portanto, os objetos, na penumbra, são percebidos com menos intensidade, de forma difusa. A atenção traz os fatos para o foco da consciência. O que não se encontra no foco está no campo. Quanto maior a atenção, mais clara é a percepção dos fenômenos que estão na área enfocada. Essa visão de Wundt relaciona-se com o estudo de figura-fundo feito posteriormente pelos gestaltistas e precede a descoberta do inconsciente por Freud. Pode dizer-se que o que se chamaria de faculdades mentais ou processos mentais foi analisado no seu laboratório.

Os estudos feitos por Wundt foram férteis e abundantes. O seu livro *Elementos de psicologia fisiológica*, que contém o seu sistema, passou por diversas revisões (seis). O mesmo foi feito com as suas outras obras. À medida que a ciência se desenvolvia e que o laboratório se tornava mais produtivo, essas revisões e atualizações se faziam necessárias. Como diz Heidbreder, a grande realização de Wundt foi estabelecer as relações reais entre muitas coisas que, de fato, já existiam antes, porém, não haviam sido sistematizadas.

Referências

Para um aprofundamento do estudo do capítulo pode-se ler:

AMAR, André. "Historique". In: *La Psychologie Moderne de A a Z*. Paris: [s.e.], 1971.

BORING, Edwin Garrigues. *A History of Experimental Psychology*. 2. ed. Nova York, 1950.

FRAISSE, P. e PIAGET, J. *Tratado de psicologia experimental*. Rio de Janeiro: Editora Forense, 1968.

HEIDBREDER, Edna. *Psicologias do século XX*. 5. ed. São Paulo: Mestre Jou, 1981.

MURPHY, Gardner. *Historical Introduction to Modern Psychology*. Nova York: [s.e.], 1949.

REUCHLIN, M. *Historia de la psicología*. 2. ed. Buenos Aires: Paidós, 1964.

WUNDT, Wilhelm. *Elementos de psicología de los pueblos:* bosquejo de una historia de la evolución psicológica de la humanidad. Madri: D. Jorro,1926.

_____. *Introducción a la filosofia*. Madri: D. Jorro, 1912.

A ESTRUTURAÇÃO DA PSICOLOGIA NO SÉCULO XX: ESCOLAS PSICOLÓGICAS

A grande novidade nos meios científicos, no início do século XX, foi o estudo, o reconhecimento, a análise e a crítica da nova ciência que desabrochava com força total. É, assim, que, nesse tronco já estruturado por Wundt, aliado às outras correntes isoladas, vê-se surgir as mais diversas e novas ramificações, que foram o resultado de uma reorientação ou reaglutinação destas diversas tendências. O resultado foi a formação das cinco escolas psicológicas, que estruturaram e caracterizaram a psicologia no início do século XX. Foram elas: o *estruturalismo*, o *funcionalismo*, o *behaviorismo*, a *gestalt* e a *psicanálise*. Cada uma dessas escolas se caracterizou pela sua definição de psicologia, pelos seus conteúdos específicos e pelos métodos que empregavam no desenvolvimento de suas atividades. Cada uma formava um sistema fechado, no entanto, podia-se encontrar pontos comuns e divergentes em todas elas. Com as escolas, a psicologia completa esta árvore frondosa, que haveria de dar muitos frutos. A sua ramificação em escolas se estendeu por todo o mundo, e o seu epicentro, que até então tinha sido a Europa, especialmente a Alemanha, Leipzig, transfere-se, com os discípulos de Wundt, para os Estados Unidos, onde permanece até hoje. A maioria das grandes escolas do século XX teve lá o seu berço.

Em meados do século XX, as escolas já haviam perdido a sua força como centro de estudos teóricos. Era o início do seu fim. A psicologia, na segunda metade do século, caracteriza-se pela sua abertura e tolerância aos diversos caminhos de pesquisa, e foram tão volumosas, diversificadas e profundas que levaram às especializações e à formação de microssistemas. Nessa conjuntura, não havia mais lugar para os macrossistemas, ou seja, as escolas. O Behaviorismo e a Psicanálise foram as escolas que continuaram a sua influência por mais tempo.

8. O estruturalismo

Edward Bradford Titchener[1] (1867-1927). O representante máximo do estruturalismo foi Titchener. Nasceu na Inglaterra, doutorou-se em Leipzig, Alemanha, e desenvolveu o seu trabalho em Cornell, nos Estados Unidos, para onde levou o estruturalismo de Wundt, seu mestre.

O estruturalismo define a psicologia como ciência da consciência ou da mente, mesma definição dada por Wundt. A mente seria a soma total dos processos mentais. Titchener partia do pressuposto que cada totalidade psicológica compõe-se de elementos. Assim, vemos presente na psicologia científica a mesma preocupação dos filósofos da Antiguidade – o elementismo, aqui aplicado na psicologia. A tarefa da psicologia seria a de descobrir quais são esses elementos, ou seja, qual é o verdadeiro conteúdo da mente e a maneira pela qual se estrutura. Daí ser estruturalista. Esse conteúdo deveria ser estudado em si mesmo, sem nenhuma aplicação prática. Para se conseguir esse objetivo, a ciência coloca três questões em relação ao seu objeto: "o que é?" – através da análise se chega aos componentes da vida mental; "o como?" – a síntese mostra como os elementos estão associados e estruturados e que leis determinam essas associações; e "o por quê?" – investiga a causa dos fenômenos. Titchener afirma que, embora, o sistema nervoso não seja a causa da mente, pode ser usado para explicá-la. Como Wundt, Titchener considera que os elementos ou as unidades que compõem o conteúdo da mente são as sensações, as imagens, as afeições e os sentimentos. Toda a vida psíquica é construída a partir desses elementos. O método em-

---

1. Entre as obras de Titchener pode-se citar *Experimental Psychology of the Higher Thought Process; Psychology of Feeling and Attention.* Sua obra mais completa e sistemática foi: *Text-book of Psychology; The Postulates of Estrutural Psychology.*

pregado para se chegar a eles é a introspecção que, para Titchener, é uma observação e deve ser treinada e preparada para garantir os dois pontos essenciais de toda a observação: a atenção e o registro do fenômeno. Também defende a experimentação.

Como seu mestre, Titchener é adepto do paralelismo psicofísico. Distingue o físico da mente (mente x corpo). Os processos mentais e físicos fluem lado a lado como correntes paralelas. Assim, uma não é causa da outra e não há interação entre elas. No entanto, a mudança de uma é, logo, seguida pela outra. Isso se dá através do sistema nervoso que, embora não seja a causa da mente, faz a ligação entre o físico e o psíquico.

Como comenta Heidbreder, o sistema de Titchener se resume da seguinte maneira: o objeto é a consciência, a relação mente x corpo é o paralelismo, o método característico é a introspecção, embora também defenda a experimentação e a questão é descobrir "o quê", "o como" e "o por quê" de seus elementos.

O estruturalismo é um sistema elementista, atomista e associacionista. Procura entender a concatenação da unidade no todo. Utiliza-se da fisiologia, procura quantificar ou medir as suas experiências, muito embora utilize, também, a descrição qualitativa dos elementos mentais. Em suas pesquisas, faz uso dos laboratórios. Na linha filosófica, é empirista crítico. Por ser mentalista, aceita, com parcimônia, o materialismo científico, quando tenta descrever os fenômenos mentais pelos conceitos das ciências físicas. Foi uma escola mais pura do que aplicada. Interessava-se pela mente humana em geral, procurava estabelecer leis gerais que servissem para todos e não se preocupava com as diferenças individuais e os problemas práticos do dia a dia. Não há um consenso na denominação da psicologia de Titchener que é por vezes chamada de estruturalismo, às vezes introspeccionismo, existencialismo e às vezes titcherianismo.

O estruturalismo foi uma escola que não teve muitos adeptos, nem mesmo nos Estados Unidos, onde se desenvolveu. Foi alvo de muitas críticas. Segundo alguns autores, ela acabou com a morte de Titchener, em 1927. Pelo que se sabe, exerceu influência no construtivismo piagetiano. Teve como adversário o behaviorismo, o funcionalismo e o gestaltismo. Contribuiu, no entanto, para que a psicologia se tornasse uma verdadeira ciência. Nos Estados Unidos, fez a transição da filosofia mental para a psicologia científica. O curioso é que o estruturalismo, contrariamente ao que ocorreu na psicologia, onde não ganhou projeção, obteve enorme importância no campo da antropologia e da linguística.

Referências

Para se complementar o estudo sobre o estruturalismo pode-se ler:

LÉVI STRAUSS, Claude. *Antropologie structurale*. Paris: [s.e.], 1958.

_____. *La Pensée Sauvage*. Paris: [s.e.], 1962.

_____. *Le Totemisme Aujourd'hui*. Paris: [s.e.], 1963.

PIAGET, Jean. *O estruturalismo*. Lisboa: Moraes Editores, Pensamento Vivo, 1981.

MATTOSO CAMARA Jr. *O estruturalismo linguístico*. Rio de Janeiro: Tempo Brasileiro, 1966.

TITCHENER, Edward Bradford. *Manuel de Psychologie*. Paris: [s.e.], 1932.

9. O funcionalismo

Foi a primeira escola exclusivamente norte-americana. Floresceu nas Universidades de Chicago e Columbia. Teve como precursoras as ideias evolucionistas de Darwin, a psicologia do ato e a fenomenológica e o naturalismo de Rousseau. Foi, no entanto, William James que lançou as suas bases, ao criticar o atomismo associacionista, que considera a vida psíquica como um agregado de elementos simples (estruturalismo). O funcionalismo surge como a primeira reação organizada e sistematizada contra a escola de Titchener e Wundt. Como se vê, ela descende de tendências, na quase totalidade não ligadas a Wundt.

Ao contrário do estruturalismo, que analisa a mente e a sua estrutura, os funcionalistas concentram seus esforços no: "para que serve?", "qual a função?" A questão é de ordem prática e utilitária. O seu estudo deveria dirigir-se ao aspecto instrumental da consciência, cuja função é dirigir o comportamento e ajustar o homem às condições ambientais, isto é, ao meio físico e social. A consciência exerce uma atividade adaptativa e é um instrumento destinado a ajustar a ação. Em outras palavras, ela é um instrumento destinado a resolver problemas. Assim, o funcionalismo se enquadra no modelo filosófico do pragmatismo, em que a função da consciência não é conhecer, mas adaptar.

Em decorrência desses princípios, a psicologia, para o funcionalismo, é o estudo da vida psíquica, considerada como um instrumento de adaptação ao meio. Angell dizia, ainda, que a psicologia era o estudo das operações mentais em oposição ao elementismo. Era o estudo da utilidade da consciência como intermediária entre as necessidades e o meio. Era, ainda, psicofísica, abrangendo o estudo do corpo e da mente.

Com o seu artigo, "Conceito de arco reflexo em psicologia", Dewey marca o ponto de partida do funcionalismo. Ataca o atomismo ou elementismo psicológico. Para ele, a atividade psicológica não pode ser dividida em partes, mas é um todo contínuo. Não se pode separar, de fato, o estímulo da resposta, pois a ação psíquica é global e não fracionada em pequenas porções. O que existe é um arco reflexo completo, num processo ininterrupto. O estímulo (S) dinamiza o organismo (O) que seleciona e dirige a resposta (S-O-R). Esse todo contínuo funciona buscando a adaptação do organismo. Carr complementa essa visão, dizendo que não há estímulo sem resposta, nem resposta sem estímulo, e que os estímulos podem ser internos ou externos.

No desenvolvimento da psicologia funcional, podem-se constatar três fases: a primeira, que é o seu ponto de partida, é representada por Dewey; a segunda, que é o seu desenvolvimento propriamente dito, é representada por Angell; e a terceira, que seria a sua conservação e propagação, teve, como protagonista, Carr.

John Dewey[1] (1869-1952), norte-americano, foi bastante conhecido como filósofo e teórico da educação. O seu livro *Como pensamos*, bem como a sua máxima, "aprender fazendo", influenciou muito os estudos pedagógicos e fundamentou a Escola Nova. O seu artigo sobre "O conceito de arco reflexo" dá o sinal de partida do funcionalismo. Nele, Dewey critica o elementismo e atomismo que caracterizava a psicologia científica e oficial da época. Mostra as suas limitações e incapacidade, devido a sua rigidez, para resolver a problemática da vida, que é um processo contínuo. Opta, assim, pelas totalidades. Ultrapassou o naturalismo e empirismo tradicionais, dando-lhes mais mobilidade e tornando-os dialéticos. Em seus estudos, aborda, ainda, a questão mente x corpo. Admite o aspecto mental e físico, mas não os considera isoladamente, pois os atos mentais não são fatos psíquicos puros e simples, neles estão presentes tanto o aspecto físico como o psíquico. É, portanto, um interacionista.

Ao contrário do estruturalismo, a psicologia de Dewey tendia para uma psicologia aplicada, preocupada com sua função, ou seja, com as operações e os processos, buscando resultados práticos, uti-

---

1. Possui uma extensa obra, da qual se destacam: *Meu credo pedagógico*; *Psicologia e método pedagógico*; *A escola e a sociedade*; *Democracia e educação*.

litários, atividades adaptativas. Não se preocupava com o conteúdo, em si, da mente. Com isso, deu impulso ao desenvolvimento da psicologia aplicada: psicologia da educação, da criança, do adolescente, do trabalho, do animal, das diferenças individuais etc., e foi por isso considerada por Titchener uma psicologia de segunda categoria, pois deixava de ser pura para se aplicar a questões práticas.

James R. Angell[2] (1869-1949), norte-americano, continuou a obra de Dewey. Delineou, com precisão, aqueles princípios que Dewey havia formulado, dando-lhes mais corpo e estrutura. O desenvolvimento do funcionalismo identifica-se com a escola de Chicago, que Angell dirigia. Como Dewey, Angell publicou um artigo, "O domínio da psicologia funcional", em que estabelece os princípios do funcionalismo, complementando a primeira formulação feita por Dewey. No artigo são apresentados três aspectos dessa escola. O primeiro estabelece a diferença do objeto de estudo do estruturalismo e do funcionalismo. Enquanto o estruturalismo estuda o conteúdo da consciência, decompondo-o em seus elementos, o funcionalismo se ocupa das operações, tentando descobrir como atua, o que realiza e em que condições aparece um processo mental. O estruturalismo estuda "o que" e o funcionalismo "o como". O segundo aspecto analisado por Angell coloca o funcionalismo como um movimento que se interessa pela utilidade dos processos mentais. É, pois, uma escola que, como o próprio nome indica, tem por objetivo identificar a função, não só da consciência em geral, mas de processos mentais específicos, como o juízo, o raciocínio, a vontade etc., e está direcionada para as utilidades básicas das atividades mentais. Por isso, a consciência está presente em todos os estágios de adaptação à vida, dando respostas seletivas e adequadas para cada momento específico. O terceiro e último aspecto considerado por Angell dá ao funcionalismo a dimensão de método típico de estudo para tratar o problema mente x corpo. Partindo, ainda, do pressuposto da função adaptativa da mente, levando o organismo a se

---

2. Algumas obras de Angell: *O domínio da psicologia funcional; Text-book of Psychology; Introduction to Psychology. Psychology: an Introductory Study of Structure and Function of Human Consciousness.* Nova York: H. Holt, 1908.

adaptar ao seu meio ambiente, admite que há uma interação entre o psíquico e o físico. Comenta que a diferença entre o psíquico e o físico só é sentida depois de uma reflexão e não no momento da realização do ato. Daí, Angell considerar que essa distinção é apenas metodológica e que há uma passagem fácil de um para o outro.

Harvey Carr[3] (1873-1954), norte-americano, completa a obra de Dewey e Angell. Continua as suas pesquisas em Chicago. No seu livro *Psychology*, Carr retoma e aprofunda os princípios do funcionalismo. Define o objeto da psicologia como atividade mental, isto é, como um processo, como fazia a psicologia do ato e fenomenológica. Assim, a percepção, a memória, a imaginação, a sensação etc. são processos que levam à fixação, à aquisição e à organização do conhecimento. Tais conhecimentos são utilizados para orientar o comportamento, buscando a sua adaptação e o seu ajustamento. Carr esclarece que esses processos não são apenas psíquicos. Constituem-se num processo integral que engloba o psíquico e o físico (psicofísico). No seu livro, ainda fala sobre os métodos utilizados no estudo dos processos mentais. Para ele, devem ser utilizados os métodos de introspecção e de observação objetiva. No entanto, dá mais ênfase ao emprego da observação externa, pois considera importante o estudo dos produtos sociais: linguagem, arte, literatura, organizações sociais e políticas, etc. Para o funcionalismo, não há uma restrição aos métodos, como acontece com o estruturalismo, pois são vários os caminhos que conduzem ao conhecimento psicológico.

Os princípios e métodos do funcionalismo foram amplamente aceitos e incorporados ao patrimônio da psicologia como um todo e deixaram de existir como uma escola à parte. Continuou, no entanto, exercendo sua influência na educação, na gestalt e no behaviorismo. Constitui-se num importante marco da psicologia americana.

O funcionalismo contou com muitos adeptos e representantes, dos quais se ressaltam os da Universidade de Columbia, tais como: Thorndike e Woodworth. Thorndike atuou tanto no funcionalismo como no behaviorismo.

---

3. Escreveu: *Psicologia, um estudo da atividade psíquica*; *Ensino e aprendizagem*; *Introdução à percepção do espaço*.

Referências

Para um estudo mais completo do capítulo, ler:

HEIDBREDER, Edna. *Psicologias do século XX*. 5. ed. São Paulo: Mestre Jou, 1981.

WILLIAM, James. *Principles*. [s.l.]: [s.e.], [s.d.].

SPIRITO, Ugo. *Il Pragmatismo nella Filosofia Contemporânea*. Firenze: [s.e.], 1921.

TEIXEIRA, Anísio. *Educação progressiva*: Uma introdução à filosofia da educação. São Paulo: Companhia Editora Nacional, 1933.

TITCHENER. *Text-book of Psychology*. [s.l.]: [s.e.], [s.d.].

10. O behaviorismo

Foi a escola americana mais influente, congregou maior número de adeptos e perdurou por mais tempo. O behaviorismo, ou psicologia do comportamento, nasceu com Watson, nos Estados Unidos. O termo vem do inglês *behavior* e quer dizer comportamento. Hoje está incorporado ao português, como à psicologia, dada a importância da doutrina. A psicologia como ciência do comportamento é hoje a definição universalmente aceita. Embora seja um sistema de naturalidade americana, suas raízes são de diversas origens. Recebeu influência do hedonismo, da teoria darwiniana, de Thorndike e dos reflexologistas russos, sobretudo Pavlov. Assim como teve origem diversa, o behaviorismo teve também ramificações e tendências diversas.

Edward L. Thorndike[1] (1874-1949), norte-americano, exerceu grande influência tanto sobre os funcionalistas como sobre os behavioristas, mas é, principalmente, considerado precursor do behaviorismo. A sua investigação sobre a conduta animal foi um passo decisivo para a explicação do comportamento através de um controle rigoroso e sistemático. Deu relevante colaboração à educação, principalmente pela elaboração de princípios da aprendizagem. Entre outros pontos, formulou a lei do exercício: quanto mais frequente, mais recente e mais fortemente um vínculo é exercido, mais efetivamente será fixado. Estabeleceu, também, o princípio do ensaio e erro na aprendizagem. Para isso, fez diversas experiências e concluiu que um ato seguido de satisfação será gravado, enquanto seguido de insatisfação será eliminado. Denominou esse processo de lei do efeito. Mais tarde, chegou à conclusão de que a recompensa exerce uma influência mais forte

---

1. São obras escritas por Thorndike: *Animal Intelligence*; *Educational Psychology* (3 vols.); *Fundamentos da aprendizagem*; *Educational Measurement*, 1971. *A nova metodologia da aritmética*. Porto Alegre: Globo, 1936.

e direta na educação que o castigo. Seus princípios foram amplamente utilizados pelo behaviorismo, destacando aqueles que se referem à aprendizagem, visto que esta foi uma escola direcionada principalmente para a educação.

John B. Watson[2] (1878-1958), norte-americano, foi o fundador do sistema e, como não poderia deixar de ser, foi quem o denominou de behaviorismo. Na formulação de seus princípios, baseou-se no estudo da psicologia animal, que já estava bem desenvolvida no início do século XX. O estudo, nos animais, permitia experiências que, no homem, eram impossíveis. Entre estas, estão: lesões nos órgãos dos sentidos e em partes do cérebro, a fim de descobrir os seus efeitos no comportamento. Com isso, o behaviorismo adotou métodos que se assemelhavam aos das ciências físicas. Sua tentativa foi transpor esses conhecimentos para o estudo do animal humano, reduzindo-o à matéria. Daí, o fato de um de seus pontos de partida ser o materialismo científico. O homem seria uma espécie de animal entre os outros. As suas reações poderiam ser estudadas como qualquer outro fato da natureza e, portanto, da mesma forma que os animais são estudados. Em consequência, o estudo da mente e da consciência, como extranatural, deveria ser totalmente abolido, condição necessária para que a psicologia fosse uma ciência. A psicologia científica se assemelha, pois, às ciências naturais que são mecanicistas, materialistas, deterministas e objetivas.

Outra característica do behaviorismo é a negação de todas as tendências inatas. O homem, para Watson, herdou apenas as estruturas de seu corpo e de seu funcionamento. Não herdou nenhuma característica mental: nem inteligência, nem habilidades, nem instinto, nem talentos nem dons especiais. Para explicar os diversos tipos de comportamento, Watson dava ênfase ao ambiente, ao meio, às circunstâncias. O condicionamento (S-R), exercido pelo ambiente, era responsável pelo comportamento. Foi baseando-se nessas ideias que escreveu em seu livro *Behaviorismo*:

"Deem-me uma dúzia de crianças sadias, de boa constituição e a liberdade de poder criá-las a minha maneira. Tenho a certeza de

---

2. Deixou como principais obras: *Behaviorism*. Nova York: [s.e.], 1925; *Psychology from the Standpoint of a Behaviorist; Behavior, an Introduction to Comparative Psychology. El Conductismo*. Buenos Aires: Paidós, 1955.

que, se escolher uma delas ao acaso e puder educá-la convenientemente, poderei transformá-la em qualquer tipo de especialista que eu queira: médico, advogado, artista, grande comerciante e até mesmo em mendigo e ladrão, independente de seus talentos, propensões, tendências, aptidões, vocações e da raça de seus ascendentes".

Como se vê, o processo de aprendizagem que implica toda a elaboração de instintos, tendências, emoções etc., e que termina na elaboração do comportamento, é inteiramente dependente e consequência do meio ambiente e social. Por ser uma ideia que se identificava com a ideologia política americana, de que os homens nascem iguais e que, portanto, todos podem obter sucesso em sua vida, ela foi muito aceita e difundida nos Estados Unidos.

Os reflexologistas russos

O estudo dos reflexologistas russos reforçou esses princípios. Entre os vários reflexologistas, destacam-se: Ivan M. Sechenov, Vladimir Bechterev e Ivan P. Pavlov[3] (1849-1936), que foi o mais conhecido deles. Tornou-se famosa a sua pesquisa sobre o reflexo condicionado. Conseguiu fazer que o cão salivasse mediante a ação de um estímulo, a princípio neutro (campainha). Esse estímulo passou a ter significado, para o cão, apenas depois que foi associado, por repetidas vezes, à apresentação do alimento. O processo se dava da seguinte forma: ao mesmo tempo em que se apresentava o alimento, tocava-se a campainha. Com o tempo, bastava tocar a campainha para que o cão salivasse. Isto é, o estímulo (campainha), desde que foi incorporado às circunstâncias que produziram a resposta, passou a produzi-la, sem que o estímulo verdadeiro (alimento) estivesse presente. O reflexo condicionado foi a grande descoberta de Pavlov.

Essa descoberta foi utilizada pelo behaviorismo para o estudo dos processos psíquicos e revelou-se num meio ou método (condicionamento) objetivo, valioso na análise do comportamento. Através da técnica do condicionamento, era possível estudar o processo

---

3. Dentre as muitas obras de Pavlov estão: *Fiosiologia nervosa superior*. Barcelona: [s.e.], 1973; *Fiosiología y Psicología*. Madri: [s.e.], 1968; *Psicología e Psiquiatria*. Madri: 1967.

de elaboração do comportamento. Partia-se do estudo das unidades reflexas (emoção, instinto, hábito) e das respectivas associações S-R, ou conexões, até se chegar ao todo, o comportamento. Para se chegar a esse todo, que é o comportamento ou atividade global do organismo, o psicólogo deveria atentar para três categorias de aparelhos: os órgãos dos sentidos – porta de todo o conhecimento ou órgãos receptores de todos os estímulos; os músculos e as glândulas – responsáveis pelas respostas, ou seja, os órgãos efetores; e, por fim, o sistema nervoso – encarregado de conduzir os estímulos, fazendo a ligação entre os receptores e os efetores. O homem, dessa forma, se enquadraria dentro de um modelo mecanicista, seria uma máquina orgânica. Por isso, todas as reações humanas deveriam ser analisadas dentro do padrão estímulo-resposta. As reações que não pudessem ser analisadas por processos fisiológicos, ou seja, em relação às atividades musculares e glandulares, seriam irreais. O behaviorismo reduz as atividades humanas ao ato de secretar e contrair e o comportamento a conexões de estímulos e respostas, formando um painel de reações mecânicas.

Se o behaviorismo defende: "uma só espécie de substância – a matéria, uma só energia – a física, uma só forma de ação – a mecânica e um só gênero de ciência – o positivo", como comenta Madre Cristina, no seu livro *Psicologia Científica*, só poderia aceitar e trabalhar com métodos objetivos, adequados ao seu princípio. A observação era fundamental para o estudo de todos os processos. Poderia ser operacionalizada com ou sem instrumentos. Aceitava os testes, as medidas do tempo de reação e os métodos da psicologia aplicada em educação e indústrias. Todo o método científico experimental, de modo geral, era aceito. No entanto, foi o método de estudo do reflexo condicionado que mereceu maior destaque. Em oposição, dever-se-ia eliminar toda a vida subjetiva, interior, denominada mente, psiquismo ou consciência e, desta forma, também proscrevia a introspecção.

Em síntese, o behaviorismo ou psicologia aplicada ao comportamento tem, como objeto, o estudo da conduta humana e animal. Esse estudo compreende uma ação preventiva do comportamento que leva à busca e elaboração de leis que devem regular a sua formação e o seu controle. É um sistema elementista e associacionista, pois o comportamento ou a personalidade completa é constituída a partir de reações ou unidades, a princípio simples e que se associam através do processo de condicionamento. A totalidade das reações constitui a personalidade. O homem, neste contexto, é uma máquina orgânica evoluída, diferindo dos animais, apenas em grau de complexidade.

O behaviorismo teve muitos seguidores. Watson foi a sua expressão máxima, mas enriqueceram essa fileira os nomes de: Floyd Allport; Albert Weiss; Edwin B. Holt; Walter S. Hunter; Karl S. Lashley; Clark L. Hull; Edward C. Tolman; Guthrie; Max Meyer; Lorenz; Skinner e Gagné. A psicologia realizada por esses psicólogos foi bastante relevante, no entanto, se fará, aqui, apenas uma alusão aos dois últimos referenciados. O estudo deles é importante por terem direcionado o behaviorismo para a educação. São neobehavioristas, pois apesar de conservarem o método, a visão mecanicista da conduta humana e o ambientalismo, rejeitam a postura radical de Watson nesses aspectos. O neobehaviorismo se baseia no princípio de estímulo-resposta (S-R) e contrapõe-se à psicologia mentalista.

Os neobehavioristas

Burrhus Frederic Skinner[4] (1904-1990), norte-americano. Sua teoria comportamental e da aprendizagem baseou-se nos estudos de Pavlov sobre o comportamento reflexo ou involuntário e nos princípios de condicionamento do mesmo. Foi influenciado, também, pelo hedonismo e por Thorndike, utilizando, deste último, tanto a lei do exercício como a do efeito. A partir daí, formulou o seu princípio sobre o reforço na aprendizagem.

Skinner foi o maior expoente do behaviorismo das últimas décadas e teve muitos seguidores. O seu behaviorismo é ortodoxo e, assim sendo, rejeita toda a subjetividade. Contesta a noção de personalidade como determinante do comportamento, considerando enganosas e mistificadoras as noções de liberdade e dignidade, pois isto levaria a uma aceitação de agentes autônomos e internos, atuando no comportamento. Para ele, o adequado controle do meio, bem como a observação do comportamento, que resultou deste meio, seriam suficientes para explicar a conduta das pessoas, sem

---

4. Entre as obras de Skinner destacam-se: *Ciência e comportamento humano; O comportamento verbal; Análise do comportamento.*

interferência de agentes internos. Só esse controle científico do meio poderia melhorar a existência humana. Sua psicologia girou, assim, em torno de um condicionamento operante, em que eram controladas todas as variáveis ou condições anteriores à realização da experiência e em que eram observadas e descritas, a posteriori, todas as respostas subsequentes. Controla-se, assim, o comportamento pelas suas consequências. Dentro desse esquema, as respostas são plenamente previsíveis e controláveis e se afirmam à medida que recebem reforço. Do condicionamento operante, derivou sua tecnologia educacional ou a sua instrução programada, uma das grandes contribuições de Skinner para a educação. O ensino programado baseia-se em quatro princípios: 1. a aquisição de um conhecimento novo é mais fácil, quando o sujeito emite respostas (comportamento ativo); 2. é mais fácil, quando recebe reforço; 3. a matéria deve ser apresentada de forma progressiva, partindo do mais simples; 4. as diferenças individuais devem ser levadas em conta na escolha de um programa. Aceita, como Watson, que a psicologia, para ser científica, deve orientar-se pelas leis da ciência natural, único meio para explicar os seus pressupostos.

O grande destaque de Skinner se dá, precisamente, pela sua contribuição para a educação. Não se deve menosprezar, no entanto, sua influência na psicologia social e do trabalho, em que trata de problemas concretos, práticos e mesmo vitais para a sociedade. Daí ser considerado um representante dos interesses práticos e utilitários da psicologia americana. Sua influência estende, ainda, no tocante à terapia e ao adestramento dos animais.

Robert M. Gagné[5] (1916-) nasceu em North Andover, Mass. USA. Representa o behaviorismo menos ortodoxo dos dias atuais. Embora o seu ponto de apoio metodológico seja o mesmo de Skinner, a sua abordagem pode ser considerada neoskinneriana, por apresentar algumas peculiaridades. Dá ênfase, por exemplo, às condições internas, não observáveis, subjetivas do organismo que influenciam a

---

5. Gagné escreveu: *Como se realiza a aprendizagem*. Rio de Janeiro: Livros Técnicos e Científicos, 1971. *Princípios essenciais da aprendizagem para o ensino*. Porto Alegre: Globo, 1980 [Trad. de Rute Vivian Angelo]. *Contributions of Learning to Human Development*.

aquisição de habilidades intelectuais. Essas condições internas podem ser entendidas como motivação, inteligência e as próprias habilidades intelectuais. Esse aspecto do seu modelo educacional o aproxima das abordagens cognitivas com raízes na gestalt. Situando-se, dessa forma, entre o behaviorismo e o cognitivismo.

Gagné está incluído entre os teóricos do ensino e aprendizagem. Faz a síntese entre os processos internos de cognição e os eventos externos. Com essa visão, estabelece oito fases no processo de aprendizagem. Essas seriam hierarquizadas, sendo as mais simples suportes das mais complexas ou superiores. A primeira é a aprendizagem de sinais, em que a motivação é fator importante. A seguir, seria aprendizagem que inclui estímulo-resposta (S-R). Nesse nível, já haveria um certo grau de apreensão do conhecimento. A terceira é aprendizagem em cadeia, em que uma aquisição leva à outra. A quarta são as associações verbais, que supõem uma retenção e memorização maior de conhecimento, e isso levaria à quinta fase, ou seja, as discriminações múltiplas. E, num grau mais elevado, encontra-se a aprendizagem de conceitos, que ocupa o sexto lugar na hierarquia e conduz a uma generalização de conhecimento. A aprendizagem de princípios é a penúltima fase e leva a uma melhor aplicação do conhecimento, o que significa um melhor desempenho. A última e mais complexa é a aprendizagem de resolução de problemas. Ela é a síntese das anteriores, e nessa fase é possível fazer-se um *feedback*. A aprendizagem implica, assim, uma globalização, e aprender a resolver problemas é o coroamento da aprendizagem.

Gagné como Skinner afirma a importância do uso da tecnologia na educação, da máquina de ensinar, pois estas englobam recursos variados, que atingem o indivíduo de uma forma mais global, facilitando a aprendizagem. Pertence ao grupo da escola tecnicista, cuja preocupação é propor meios e instrumentos para a operacionalização do ensino de forma eficiente e eficaz. Não despreza, no entanto, a comunicação oral, que desempenha a função de induzir a transferência e aplicação do conhecimento.

As teorias e modelos psicológicos behavioristas fundamentam-se na experimentação, no controle e no condicionamento do comportamento, e admitem uma conduta humana mecanicista. Caracterizam-se, portanto, pela atenção dada aos fenômenos observáveis, mensuráveis, pela influência que o meio ambiente exerce no indivíduo e pela rejeição de toda introspecção. A educação preconizada é totalmente diretiva e individualizada ou personalizada, e está relacionada entre a pedagogia da essência. Propõe, portanto, na educação um modelo ou um ideal, que é externo ao homem, mas que ele deve perseguir.

Como escola psicológica, o behaviorismo começa o seu declínio no final da década de 1930. No entanto, continuou existindo mediante teorias e modelos que, ainda hoje, são aceitos e utilizados nas mais variadas áreas e segmentos da sociedade, tais como: educação, indústria, comércio, militarismo, propaganda etc.

Referências

Para complementar o estudo do capítulo pode-se ler:

ALLPORT, Floyd. *Psicologia social*. [s.l.]: [s.e.], [s.d.].

BANDURA, Albert. *Principles of Behavior Modification*. Nova York: [s.e.], 1969.

CUNY, H. *Ivan Pavlov y los reflejos condicionados*. Madri: [s.e.], 1963.

FRAISSE, Paul & PIAGET, Jean. *Tratado de psicologia experimental*. Rio de Janeiro: Editora Forense, 1968.

HULL, Clark L. *Princípios do comportamento*. [s.l.]: [s.e.], 1943.

_____. *Um Sistema de comportamento*. [s.l.]: [s.e.], 1952.

LASHLEY, Karl S. "The Behavioristic Conception of Consciousness". *Psychology Rev.* [s.l.]: [s.e.], 1923.

MOREIRA, Marco Antônio et alli. *Aprendizagem*: Perspectivas teóricas. Porto Alegre: EDURGS, 1987.

NOVAES, Maria Helena. *Análise psicológica da ação educativa*: Componentes, mediadores e condições reguladoras. Rio de Janeiro: ABT, 1987.

PEROMM Netto, Samuel. "O desenvolvimento de sistemas de ensino e treinamento e a instrução programada". *Revista de Pedagogia*. São Paulo, 1966.

RAYS, Oswaldo Alonso. *Organização do ensino*. Porto Alegre: Sagra, 1989.

WEISS, A.P. *Una base teorica de la conducta humana*. [s.l.]: [s.e.], [s.d.].

11. A gestalt

O movimento gestáltico surge na Alemanha, por volta de 1910-1912, contrapondo-se ao estruturalismo e ao behaviorismo.

Max Wertheimer[1] (1880-1943), alemão, elaborou os primeiros conceitos da psicologia gestáltica. Esses conceitos foram, posteriormente, ampliados por Kurt Koffka[2] (1886-1941) e Wolfgang Köhler[3] (1887-1967). Koffka e Köhler, além de serem os seguidores, foram, também, os sujeitos de experimentos da gestalt.

O termo gestalt, de origem alemã, não tem uma tradução específica em outras línguas. Tendo em vista a riqueza da língua alemã, a palavra gestalt pode ser interpretada como configuração, estrutura, forma ou padrão. Devido a essa complexidade de traduções, o termo gestalt foi incorporado à psicologia. A psicologia da gestalt é mais conhecida como psicologia da forma.

O ponto de partida da gestalt foi o estudo da percepção. Wertheimer estudou a percepção visual do movimento. Se se observam dois ou mais objetos apresentados contiguamente, num espaço de tempo curto, percebe-se uma continuidade nas figuras – as figuras são vistas como num todo. No entanto, à medida que o intervalo de tempo aumenta entre a apresentação de uma figura e da outra, as figuras vão sendo percebidas ou vistas separadamente. Girando-se em alta velocidade uma bola de fogo atada a uma corda, percebe-se o círculo que o movimento descreve e não a bola. Assim, um estímu-

---

1. Algumas obras de Wertheimer: *Principios de organización perceptual; Experimentelle Studein über das Sehen von Bewegungen.*

2. Obras de Koffka: *The Growth of the Mind; Perception an Introduction to the Gestalt-theorie; Principios de la psicología de la forma.* Buenos Aires: Paidós, 1953. *Principios da psicología da gestalt,* São Paulo: Cultrix, Ed. da Usp, 1975.

3. Köhler escreveu: *The Mentality of Apes; Psicologia da Gestalt.* Belo Horizonte: Itatiaia, 1968. *Intelligency in Apes; An Aspect of Gestalt Psychology.*

lo visual, embora descontínuo, pode produzir a percepção de movimento contínuo. Isso se dá porque existe, entre a excitação de um órgão dos sentidos e a resposta que esse vai produzir, um tempo de reação. Uma percepção visual, por exemplo, demora em média 19 centésimos de segundo para ser produzida. Como as sensações têm alguma duração, estímulos muito seguidos dão a sensação de continuidade. Este é o princípio que rege os desenhos animados e o cinema. Foi o que se denominou de movimento aparente. De dois pontos estáticos, surge uma sensação dinâmica – um movimento.

Com essa pesquisa, Wertheimer concluiu que a percepção era um fenômeno total, unificado e que não poderia ser considerado a soma de elementos ou de sensações isoladas. Nem a percepção, ou seja, o processo psicológico, nem o processo fisiológico (a excitação nervosa que acompanha a percepção) poderiam ser considerados a soma de unidades ou partes. Ambos constituem um todo unificado.

O estudo foi aplicado e ampliado na percepção de objetos em geral, com formas distintas (retangular, quadrada etc.) e com cor e luminosidade diferentes. Em todas as pesquisas, constatou-se que se percebe o todo e não um conjunto de elementos. Percebe-se a pedra, a árvore, a casa e não as partes (a cor, a forma) que as constituem. A gestalt dá continuidade, como se vê, à psicologia do ato e fenomenológica.

Além da percepção, foram estudados outros fenômenos psicológicos, como a aprendizagem, a memória, as reações motoras etc. Foram feitos estudos sob o aspecto da física, da fisiologia, da biologia, voltados todos para o mesmo objetivo, que era mostrar a universalidade do princípio e a crença na unidade do universo. Em todos eles se chegou à mesma conclusão – à de totalidade. Com essa crença, não se podia iniciar um estudo de fenômenos psíquicos pelos elementos que os constituem, pois estes não foram percebidos à primeira vista. Os elementos são o resultado da reflexão e da abstração. Além do mais, o fenômeno não é apenas a soma de suas partes, mas é diferente dela. O comportamento não é a soma das sensações e percepções, como querem os behavioristas. Ele não só é diferente delas, mas tem uma dinâmica própria. Da mesma forma, os processos psicológicos (aprender, raciocinar, relacionar-se, agir, motivar-se etc.) não formam um conglomerado sem sentido, são organizações de dentro para fora e são significativos.

Pode dizer-se que não são as partes que determinam a natureza do todo, mas sim, a natureza das partes é determinada pelo todo. As características e as qualidades das partes dependem da relação entre as partes e o todo e ainda do lugar e da função, que cada uma tem nesse todo. Assim, a análise deve começar pelo todo como é percebido e procurar determinar quais são as suas partes, quais as unidades que o compõem e quais as suas relações. A gestalt dá relevância ao estudo das relações entre as partes que compõem o todo. Não há uma relação mecanicista, inerte e indiferente. As partes ou os elementos que compõem o processo possuem uma organização interna dinâmica que produzirá um todo ou uma síntese criadora, nova. O exemplo clássico desse princípio é o da melodia que não é a soma das notas, mas, sim, uma configuração total. Se não se mudar a relação entre os elementos, a configuração será sempre a mesma, mesmo sendo transposta para outra escala ou tom. Nessa conformidade, pode concluir-se que a relação entre os elementos é essencial para se determinar o tipo ou qualidade da forma ou do processo psíquico em geral.

Com esses princípios, a gestalt condena toda dicotomia e fragmentação na educação. Mente e corpo devem se unificar na compreensão da realidade. Não se educa só o físico ou só o psíquico, o homem é uma totalidade. Não se estuda um fenômeno isolado, por exemplo, Tiradentes, a Revolução de 1930, de 1964, ou a libertação dos escravos, pois todos esses fatos são apenas um ângulo, um aspecto de um contexto maior, e têm ligações com o momento atual. Na busca dessa união presente-passado é que se faz a verdadeira educação, é que se compreendem os fatos, os acontecimentos. Isso deve ser feito de uma forma interdisciplinar, cada cientista, na sua área, colabora para a aquisição do saber, como se fossem vários jogadores colaborando para que o gol seja feito.

Dentro do estudo da percepção e da sua visão globalista e totalista, a gestalt se interessou pela problemática da figura-fundo. Toda a percepção é composta de figura e fundo e cada objeto é um todo. Uma unidade com uma configuração delimitada chama-se figura, em comparação com o espaço que a envolve e que lhe serve de fundo. A percepção de figura e fundo se dá porque existe uma visão periférica e uma central. A visão central leva à percepção da figura, e a periférica, à do fundo. No entanto, em muitos casos, a figura e o fundo são reversíveis, isto é, o fundo se destaca mais. É o que se pode ver em obras de arte. A figura e fundo também podem ser intercambiados, modificando-se a percepção do todo. Quando se olha um mapa terrestre da Europa, por exemplo, o mar Mediterrâneo aparece como fundo. Se se olha, no entanto, o mapa marítimo do Mediterrâneo, tem-se dificuldade em reconhecê-lo, pois se apresentará com forma, com uma configuração, deixando de ser o fundo para ser a figura, e isso modifica a percepção. Essa mudança na percepção dos fenômenos é constante e varia de indivíduo para indivíduo e no próprio indivíduo. O mesmo fato, relatado por pessoas diferentes, traz conotações diversas. Isso porque o foco da atenção de cada pessoa se detém em pontos que são importantes para ela. A figura, para uma, pode ser o fundo para outra. O próprio indivíduo pode destacar como figura, numa determinada circunstância, um aspecto de uma tela ou de um acontecimento e depois essa figura pode perder importância e transformar-se em fundo, variando a percepção. Uma árvore, um fato, uma pessoa, vistos por alguém, trazem as marcas das suas necessidades e de toda a sua angulação existencial. O estudo de figura e fundo foram importantes para a educação e a psicanálise. Revela uma constante variação da percepção no homem, e o enfoque que cada um dá aos fatos revela o seu posicionamento face à existência e à realidade, pelo menos naquele momento. Se a educação visa o homem, ela deve partir dele, de suas exigências, do seu modo especial de ver e estar no mundo. Não pode partir de pré-supostos, mas da realidade. É assim que ela pode transformar figuras que se apresentam como problemas no cenário de uma existência, em meros fundos sem importância. Um cenário de uma existência é composto de muitos fatos, e as pessoas, muitas vezes, fixam-se em um só, sem buscar a sua relação com os demais, perdendo assim a visão do todo. Esse estudo leva a uma relativização das partes em favor do todo.

Com esses princípios, a gestalt condena as teorias que utilizam o elementismo e o associacionismo como base. Para eles, os elementos misturados, fundidos, associados, não produzem a percepção verdadeira da realidade, tal qual se apresenta à primeira vista. Se os elementos de um fenômeno são abstratos, as suas associações também o serão. Se um processo mental é dividido artificialmente, o processo de juntá-los ou associá-los também o será. Nessa mesma linha, critica o método de análise. A análise destrói os dados ou elementos do fenômeno. O processo psíquico global e único é destruído ao ser dissecado. É como se dissecar um músculo em suas fibras – no final, o que se vê são as fibras e não mais o músculo total. A sua integridade e singularidade foram desprezadas e destruídas.

Mais tarde, os gestaltistas reconhecem o valor da análise para o desenvolvimento da ciência e a reconhecem, também, como método. Os gestaltistas usam o método fenomenológico e o experimental. O método fenomenológico busca as relações das experiências vividas pelo sujeito e por ele interpretadas. Essas interpretações viriam explicar o comportamento. A gestalt dirigia suas críticas à psicologia introspeccionista da consciência, devido ao caráter não científico dos dados da consciência, levantados pela introspecção. Rejeita, também, a quantificação. A sua preferência, tendendo para a globalização, entende que os números pouco servem para a psicologia, pois um mesmo número de pontos tanto serve para construir um quadrado como um triângulo.

Como escola alemã que é, a gestalt recebeu a influência da filosofia racionalista kantiana. No entanto, não deixou de ser bastante empirista, quando adota a experimentação como método de pesquisa. Foi importante a sua contribuição na área da psicologia cognitiva, onde introduziu os conceitos de estrutura e equilíbrio. Seus princípios foram adotados por Jean Piaget na sua psicologia cognitivista. Outra corrente de pensamento que está surgindo e que adota os mesmos fundamentos da gestalt é o holismo[4].

Antes de se encerrar o estudo da gestalt, é importante apresentar um de seus seguidores, que faz parte do neogestaltismo: Kurt

---

4. Holismo é um termo inventado em 1926 por Smuts para designar a tendência do Universo para construir unidades que formam um todo e de complexidade crescente. Cada unidade de um campo é um todo e reflete todas as dimensões do campo. Existe um movimento holístico internacional e tem representação no Brasil, em Brasília: Cidade da Paz.

Lewin[5] (1890-1947). Era alemão e, como os maiores representantes da gestalt, também terminou seus dias nos Estados Unidos.

Lewin foi o criador da teoria de campo, e, em consequência, da dinâmica de grupo. Buscava estudar o comportamento individual a partir do grupo ou do todo que circunda o indivíduo. Esse todo é composto dos fatores psicológicos e das respectivas personalidades das pessoas que atuam naquele grupo ou naquele espaço vital, influenciando, num determinado momento, a um ou a outro elemento do grupo. No interesse de compreender a conduta individual, Lewin chegou ao grupo e explicou a interdependência que existe entre os seus membros. A partir do estudo da dinâmica de grupo, contribuiu muito na elaboração da teoria da motivação, da aprendizagem, da personalidade, da psicologia infantil e, sobretudo, da psicologia social.

Como escola psicológica, a gestalt deixou de existir desde meados do século XX. Continua presente, no entanto, nas mais diversas abordagens psicológicas e nos mais diversos campos de aplicação, principalmente na educação e psicoterapia.

Referências

Para melhor compreender o capítulo ler:

BRANDÃO, Dênis M.S. & CREMA, Roberto (Org.). *Visão holística em psicologia e educação*. São Paulo: Summus Editora, 1991.

CIORNAI, Selma (Org.). *Vinte e cinco anos depois*: gestalt-terapia, psicodrama e terapias não reichianas no Brasil. São Paulo: Agora, 1995.

CREMA, Roberto. *Introdução à visão holística*. São Paulo: Summus Editora, 1988.

FRAISSE, Paul & PIAGET, Jean. *Tratado de psicologia experimental*. Rio de Janeiro: Forense, 1968.

---

5. De Lewin pode-se ler: *Princípios de psicologia topológica*. São Paulo: Cultrix, 1973. *The Conceptual Representation and the Measurement of Psychological Forces*; *Psychologie dinamique*. Paris: Press Universitaires de France, 1959. *Dinámica de la personalidad*. Madri: 1968. *Problemas da dinâmica de grupo*. São Paulo: Cultrix, 1973. *Teoria de campo em ciências sociais*. São Paulo: Pioneira, 1965.

GUILLAUME, Paul. *Psicologia da forma*. São Paulo: Companhia Editora Nacional, 1960.

KATZ, David. *Psicología de la forma*. Madrid: Morata, 1954.

KÖHLER, Wolfgang, KOFFKA, Kurt & SANDER, F. *Psicología de la forma*. Buenos Aires: Paidós, 1963.

PIAGET, Jean. *A noção do tempo na criança*. Rio de Janeiro: Record, 1987.

_____. *O possível e o necessário*. Porto Alegre: Artes Médicas, 1985.

_____. *Fazer e compreender*. São Paulo: Melhoramentos, Edusp, 1978.

_____. *O nascimento da inteligência na criança*. Rio de Janeiro: Zahar, 1970.

ROSA, Garcia. *Psicologia estrutural em Kurt Lewin*. Petrópolis: Vozes, 1972.

WEIL, Pierre. *A neurose do paraíso perdido*. Rio de Janeiro: Espaço e Tempo: CEPA, 1987 [Trad. de Áurea de Irberger Simil Cordeiro].

WERTHEIMER, Max. *Untersuchungen zur Lehre von der Gestalt-Psychol. Forsch.* [s.l.]: [s.e.], 1923.

12. A psicanálise

Como já foi dito, o fim do século XIX e início do século XX foram marcados pelo nascimento das grandes escolas psicológicas. Entre elas está a psicanálise, que nasceu na mesma época do funcionalismo e da gestalt e, como estas, contrapunha-se à psicologia clássica de Wundt e Titchener.

A psicanálise foi a que mais se distanciou das outras escolas. O objeto das suas investigações eram as pessoas portadoras de perturbações mentais, de modo especial as acometidas de histeria. Assunto que, até então, tinha sido esquecido ou mesmo desprezado pelas outras escolas. Daí, o caráter revolucionário, original e criativo da psicanálise.

Sigmund Freud[1] (1856-1939), austríaco, de origem judia, é o pai da psicanálise. A data de nascimento da psicanálise coincide com a data da publicação dos *Estudos sobre a histeria*, em 1895. Joseph Breuer e Freud, autores do livro, estudaram o efeito da hipnose no desaparecimento dos sintomas histéricos.

A psicanálise, que se inicia com a hipnose, vai, aos poucos, buscando outra metodologia. Freud abandona a hipnose por ser um método que se baseia na sugestão. Prefere o método da conversação, pois acha que o sujeito não precisa da hipnose para se lembrar dos traumas que ficaram esquecidos. Com um pouco de esforço, essas lembranças seriam revividas (catarse). Assim, se inicia um método verdadeiramente psicológico – o da conversação, com interpretação do psicanalista. A partir daí, Freud evolui e chega à livre associação. Com ela, o paciente fala espontaneamente de todas as lembranças, quaisquer que sejam, incluindo sonhos, recalques, desejos

---

1. Possui uma extensa obra. Entre as mais representativas do seu sistema encontram-se: *Estudo sobre a histeria; A Interpretação dos sonhos; O Ego e o Id; Esboço da psicanálise.*

reprimidos etc., fontes ou causas das neuroses. Freud identifica esses recalques e repressões como sendo de natureza sexual, cuja realização ou satisfação teria sido reprimida ou proibida. Uma vez no inconsciente, eles não desaparecem e se manifestam através de sintomas neuróticos, que, no seu entender, eram substituições simbólicas daqueles desejos inconscientes. Assim, através da associação livre, o paciente chegaria ao inconsciente, buscaria as causas dos sintomas que, uma vez identificadas, perderiam a sua potência e, com isso, tirariam a base de sustentação das neuroses que, então, desapareceriam.

Freud ainda estuda a importância da infância do indivíduo na formação do seu caráter, da angústia e das neuroses. Descobre o importante papel da relação de transferência feita entre o paciente e o médico. O paciente transfere para o psicanalista sentimentos e afetos reprimidos, que deveriam ter sido, na infância, dirigidos aos pais. Transferência essa que, no início, tem uma coloração sexual e que depois se torna agressiva.

Outro tema que despertou o interesse do estudo de Freud foram os sonhos, em que demonstrou a sua relação com a censura, com o recalque e com a sexualidade.

O sistema freudiano

Serão apresentados, aqui, somente os pontos da teoria psicanalítica, julgados fundamentais. Embora Leibniz já houvesse formulado a doutrina do inconsciente, e Herbart, com a sua teoria sobre a inibição das ideias, aceitasse níveis abaixo do consciente, o inconsciente foi a grande descoberta freudiana. Ao se observar a própria vida psíquica ou a de alguém, percebe-se que muitas atitudes não têm os seus motivos facilmente explicáveis ou conscientes. Muitas vezes, não se distingue, com clareza, por que se está alegre ou triste, irritado ou calmo, por que se opta por A ao invés de B, e daí por diante. Percebem-se os efeitos, mas desconhecem-se as causas ou fatores determinantes daquele tipo de comportamento. Isso se dá, porque esses fatores estão abaixo do limiar da consciência. O que quer dizer que a vida psíquica tem graus de consciência. Freud distinguiu três graus: o consciente – quando se tem pleno discernimento dos fatos; o inconsciente – como a própria palavra indica, contém os fenômenos dos quais não se tem nenhum conhecimento no momento, mas são passíveis de ser atingidos, revividos e analisados; e o subconsciente, que se situa entre o consciente e o inconsciente, e contém fatos ora mais próximos, ora mais distantes da consciência. Existem, pois, no psiquismo humano, níveis ou graus de consciência: o consciente, o pré-consciente ou subconsciente e o inconsciente.

Para Freud, o inconsciente é o responsável por certas formas de conduta inexplicáveis, pois é o depositário de toda a experiência desagradável, recalcada pelo indivíduo e condenada ao esquecimento. De fato, essas lembranças não morrem, elas continuam, aparentemente esquecidas, atuando e perturbando o psiquismo e produzindo, assim, um comportamento neurótico. Daí, a importância no tratamento preconizado por ele, de se chegar ao inconsciente e se atingir as causas desse comportamento, a fim de se eliminar os efeitos.

No sistema freudiano, o ponto mais combatido foi a sua afirmação de que os atos humanos, bem como os pensamentos, são motivados por uma força motora, instintiva e fundamental que é a libido. A libido nada mais é que um impulso sexual egoísta e agressivo que constitui a parte primitiva e fundamental da personalidade. Essa força primitiva, fundamental e impulsionadora do comportamento, tem o seu reservatório no id ou infraego. A libido e o id se identificam representando o aspecto primitivo do comportamento. Quanto menos consciente, quanto menor a criança, mais age dominada e impulsionada pelo id, buscando sempre tudo aquilo que lhe dá satisfação imediata, prazer. A criança desconhece a realidade, as conveniências sociais, ela é egocêntrica. A sociedade, por outro lado, procura educá-la, torná-la apta ao seu convívio. Para isso, dita-lhe os hábitos, os costumes, as boas maneiras etc. A isso se dá o nome de superego, que a criança vai assimilando e introjetando aos poucos. O superego vem de fora, é externo, mas, por ser assimilado, passa a fazer parte do ser. Da luta entre o id e o superego vai surgindo, ao longo da vida, o ego. À medida que essa luta se efetiva, integram-se, na personalidade, valores, costumes etc. que cada indivíduo assimila, de uma forma peculiar, de acordo com o seu "moto próprio". É o eu que vai surgindo, é o ego singular, diferente de todos, é a própria

124

personalidade. O id ou infraego está, a essas alturas, disciplinado, educado e civilizado, graças à ação do superego.

Esse é um processo de ajustamento e dá-se da seguinte maneira: quando o organismo sente uma necessidade (id), quer seja biológica ou psicológica, entra em tensão e essa tensão gera um desequilíbrio. Para sair dessa situação incômoda, o processo autorregulador (ego) entra em ação, quer seja através de comportamentos exteriorizados ou interiorizados (reações fisiológicas ou pensamento), buscando reduzir a situação incômoda ou a tensão. Uma vez realizada a ação, ocorre a satisfação daquela necessidade. Esse é um processo contínuo que acompanha toda a vida. A dinâmica é a seguinte: necessidade – tensão – redução de tensão – satisfação.

Além do constante processo de adaptação à vida e às circunstâncias, o ego ou a personalidade conta com mais um problema. A área de manifestação da libido desloca-se, no decorrer da vida, de um ponto para outro. É o processo de maturação ou evolução sexual em curso. Nessa evolução, a primeira área de prazer é a boca. A boca é uma zona erógena nos primeiros meses de vida. Até aos dezoito meses de idade mais ou menos, o prazer se concentra nela. É a fase denominada oral, e o prazer que a criança sente ao chupar, ao mamar, é um prazer sexual (erotismo oral). Na sequência, vem a fase anal. Os prazeres experimentados na região do ânus, por exemplo, o alívio que dá o ato de defecar, representa, para Freud, prazer sexual. A fase seguinte é a fase fálica, que consiste na descoberta e manipulação dos órgãos sexuais. Aos seis, sete anos, a criança entra na fase denominada de latência da libido, na qual a sexualidade fica reprimida. Essa fase se prolonga até à puberdade, quando a zona genital se torna apta para realizar a reprodução.

O indivíduo que tem um desenvolvimento sexual normal passa, de uma fase à outra, sem se fixar em nenhuma delas. No entanto, fatores como a repressão, a satisfação exagerada ou ausência total de prazer numa determinada área, naquele estágio específico, constituem-se em obstáculos para o desenvolvimento normal da sua sexualidade. O que pode fazer com que a criança se fixe num desses estágios, comprometendo o ajustamento posterior.

Embora a psicanálise tenha sido influenciada pelos conceitos de evolução de Darwin, não tem raízes na fisiologia. As suas raízes históricas remontam a trabalhos realizados pela psicologia médica e clínica sobre fenômenos hipnóticos, e doentes mentais e seus comportamentos. A psicanálise não faz parte das psicologias experimentais. É, no entanto, elementista, pois busca encontrar os elementos inconscientes que provocariam a neurose. Sendo elementista, é também associacionista, quando busca associar as causas que provocaram o tal efeito, ou seja, a neurose. Os métodos usados por Freud foram o introspectivo e, como foi dito, também o da livre associação.

Novas tendências da psicanálise

A psicanálise teve muitos adeptos e críticos, resultando num número bem diversificado de tendências, fazendo-a passar por variadas reformulações e ficando, ainda, inacabada, dado o grande número de questões que continuam sem respostas. Entre os continuadores e, ao mesmo tempo, opositores de Freud, encontram-se Alfred Adler[2] (1870-1937), austríaco; Carl Gustav Jung[3] (1875-1961), suíço; Sandor Ferenczi (1873-1933), húngaro; Melanie Klein (1882-1960), austríaca; Harry Stack Sullivan (1892-1949), norte- americano; Jacques Lacan (1901-1981), francês, isso para citar apenas alguns nomes. Pode-se perceber que a psicanálise teve importantes representantes nos mais diversos países. Adler e Jung foram os mais influentes.

Alfred Adler (1870-1937). A escola de Adler foi denominada de Psicologia do Indivíduo ou Psicologia Individual, por valorizar os fatores psicológicos individuais e sociais na formação da personalidade. O indivíduo desde cedo precisa sentir-se integrado a uma comunidade e interessar-se pelo seu bem, procurando harmonizar os seus interesses com os do grupo. Essa integração lhe despertará os verdadeiros valores da existência e lhe dará condições de desenvolver

---

2. As obras principais de Adler são: *Estudos sobre a compensação psíquica do estado de inferioridade dos órgãos*; *O temperamento nervoso*: estudo comparado da psicologia individual e da psicoterapia; *Prática e teoria da psicologia individual*.

3. Faz um estudo tipológico no livro: *Tipos psicológicos*. Escreve ainda: *Psicologia e religião*; *As relações entre o Eu e o Inconsciente*; *Das raízes da consciência*.

uma personalidade sadia. Os instintos e a relação do indivíduo na família são fundamentais nesse ajuste, ou no desequilíbrio. Os conflitos estão centrados, assim, entre o indivíduo e o meio ambiente, enquanto, para Freud, eles estão dentro do indivíduo. Para Adler, a raiz dos sintomas neuróticos não é a sexualidade, como afirmava Freud, mas o sentimento de inferioridade. Considera que a família, ao frustrar a criança com suas repressões, faz com que esta adquira um sentimento de inferioridade que, se não for resolvido satisfatoriamente, pode levá-la a se refugiar na neurose, que é uma forma de compensação. Adler teve uma visão mais otimista do homem.

Carl Gustav Jung (1875-1961). Jung, por sua vez, diferiu também de Freud, ao dar menos importância ao aspecto sexual. Aquela energia motivadora da ação (libido), para Jung, era apenas uma energia vital, que poderia estar direcionada para qualquer necessidade e não simplesmente uma energia sexual. Enquanto Freud dava ênfase ao passado, Jung o dava ao presente e ao futuro como perspectivas de vida e ajuda da terapia. Outro aspecto relevante do seu sistema foi a descoberta do inconsciente coletivo. Jung distingue dois inconscientes: o individual e o coletivo. O inconsciente individual é fruto dos conflitos da vida particular de cada um. Enquanto o coletivo seria a parte mais profunda do inconsciente, onde estariam armazenadas as experiências, que foram, ao longo do tempo, acumuladas pela espécie humana. Essas experiências foram chamadas de arquétipos, que seriam quase como o instinto evolucional, considerado pelos associacionistas e que fornece uma certa predisposição para se comportar de uma determinada forma. O sistema de Jung foi chamado de Psicologia Analítica ou Complexa.

Pode-se falar ainda na psicanálise de uma tendência culturalista cujo campo foram os Estados Unidos. Entre os culturalistas se encontram Karen Horney (1885-1952) e Erich Fromm (1900-1980). Os culturalistas dão ênfase ao meio ambiente, às repressões sociais como causadoras das neuroses, esvaziando toda a importância dada à sexualidade e aos aspectos biológicos de um modo geral. Melanie Klein e Jacques Lacan são nomes que se ligam à psicanálise moderna e que não só buscaram uma reformulação da doutrina psicanalítica, mas que procuraram também ampliá-la e enriquecê-la.

A psicanálise exerceu grande e importante influência em todos os setores da vida no século XX, principalmente nas ciências humanas, dando maior abertura ao trato dos problemas cotidianos e principalmente sexuais. A psicanálise, nos dias de hoje, compõe o quadro da psicologia clínica.

Referências

Completando o estudo do capítulo:

BLEGER, José. "Questiones metodológicas del psicoanálisis". *Métodos de investigación en psicología y psicopatología*. Buenos Aires: Nueva Visión, 1971.

COOPER, David. *Psiquiatria y antipsiquiatria*. Buenos Aires: Paidós, 1971.

FRAISSE, Paul & PIAGET, Jean. *Tratado de psicologia experimental*. Rio de Janeiro: Forense, 1968.

FROMM, Erich. *Escape fromm Freedom*. Nova York: Holt, Rinehart e Winston, 1941.

HESNARD, Angelo Louis Marie. *L'oeuvre de Freud et son Importance pour le monde moderne*. Paris: [s.e.], 1960.

HORNEY, Karen. *A personalidade neurótica de nosso tempo*. São Paulo: Civilização Brasileira, 1959 [Trad. de Otávio Alves Velho].

KLEIN, Melanie. *A psicanálise da criança*. [s.l.]: [s.e.], [s..d.].

_____. *Desenvolvimento em psicanálise*. [s.l.]: [s.e.], [s..d.].

_____. *Inveja e gratidão*. [s.l.]: [s.e.], [s..d.].

LACAN, Jacques. *Da psicose paranoica e de suas relações com a personalidade*. [s.l.]: [s.e.], [s.l.].

_____. *Discours de Rome*. [s.l.]: [s.e.], [s.l.].

_____. *Escritos*. [s.l.]: [s.e.], [s.l.].

NACHT, Sacha. *La Psychanalyse d'aujourd'hui*. 2 vol. Paris, 1956.

SZASZ, Thomas S. *A ética da psicanálise*. Rio de Janeiro: Zahar, 1975.

CONSIDERAÇÕES FINAIS

Um retrospecto e uma leve visão panorâmica da atual psicologia formam o conteúdo destas considerações finais. É importante lembrar que este estudo se restringiu ao desenvolvimento da psicologia no mundo ocidental, pois, embora hoje se trate de uma ciência universal, a sua trajetória, no Oriente, percorreu outros caminhos.

A Grécia, berço da civilização ocidental, foi, também, o berço da psicologia, que teve lá o seu início com os filósofos da Antiguidade, nos períodos cosmológico e antropológico.

A sua questão inicial surgiu no período cosmológico, quando os filósofos da época, querendo livrar-se das explicações mitológicas, buscaram entender o mundo em que viviam. Tentaram, para isso, encontrar o elemento ou a unidade mais simples do universo (elementismo). Tal procedimento foi considerado um princípio e ao mesmo tempo um método de trabalho, que foi utilizado por todas as ciências, inclusive a psicologia. Ao se tentar descobrir a unidade em cada ciência, faz-se uma análise dos elementos que serão, a posteriori, associados para dar a visão do todo ou fazer a generalização da ciência. É, assim, um método analítico e indutivo, em oposição ao dedutivo. Essa tendência, ao longo da história, recebeu várias denominações: elementismo, atomismo, reducionismo, e provocou, desde o início, o aparecimento de sua antítese, o antielementismo, ou seja, a globalização da percepção, que culminou com a gestalt, holismo.

Nesse mesmo período, surgiu, também, o interesse em conhecer o mundo em termos quantitativos. A quantificação foi alvo de interesse crescente, tendo, inclusivamente, fundamentado o método científico. A psicologia só se tornou científica no momento em que se conseguiu quantificar as experiências. A quantificação é, pois, aliada da experimentação. No mundo contemporâneo, vê-se a quantificação influenciar as teorias da aprendizagem, como no neobehaviorismo, nos modelos matemáticos, nos testes, principalmente os vocacionais etc.

Foi com Platão, no período antropocêntrico, que desabrochou a primeira e verdadeira raiz da psicologia. Esse momento mágico deu-se quando da descoberta que o homem não era constituído só de corpo físico, mas que, nele, existia algo imaterial. Esse algo imaterial recebeu o nome de alma, mente ou psiquismo. Surge então o dualismo mente x corpo.

A partir dessa grande descoberta, era necessário identificar a função da alma, o seu conteúdo, a sua natureza e a sua interação com o corpo, questões que se constituíram em raízes derivadas da distinção entre mente e corpo. Um dos importantes problemas que buscou resposta, ao longo do tempo, foi saber como o corpo interage com a alma. Polêmica que teve grande duração e deu diferentes soluções através de diversas teorias, como: o paralelismo psicofísico, a interação através das sensações e do sistema nervoso, da glândula pineal, a explicação de forma e matéria de Aristóteles, a explicação dos frenologistas, o monismo materialista e o espiritualista. Apesar de se saber que os fenômenos corporais e fisiológicos são distintos dos psicológicos, considera-se, hoje, que o homem é uma unidade indivisível, mas a solução definitiva para a interação corpo x mente é ainda uma questão que aceita novos estudos, está em aberto.

Ainda, com Platão, verificou-se um desmembramento da questão anterior. Trata-se de saber: "como se adquire conhecimento?" Qual o processo? Platão cria a teoria do conhecimento inato e da existência do mundo das ideias (inatismo). Aristóteles a rejeita e lança a sua antítese: "nada há na inteligência que não tenha passado pelos sentidos" (empirismo). Sintetizando essas duas posições, face ao conhecimento, temos a clássica questão: inatismo x empirismo. Em toda a história e no mundo hodierno, vemos correntes optarem, ora por uma, ora por outra. Há, no entanto, correntes que consideram que o homem possui certos conceitos inatos e outros adquiridos.

Em Aristóteles, encontram-se, também, estudos sobre a sensação, os sentidos, a memória, o sono e a insônia, a geriatria, a extensão e brevidade da vida, a juventude e a velhice, a vida, a morte e a respiração. Todos esses pontos, considerados como raízes da psicologia, e de certa forma decorrentes da distinção entre corpo-alma, foram retomados na idade moderna. Estudos, como o dos sentidos, da sensação e da memória, serviram de base, principalmente para os filósofos do empirismo crítico, do materialismo científico, do associacionismo e, mesmo, da psicologia científica. Escolas como o estruturalismo e o behaviorismo também se interessaram por essas mesmas questões. Aspectos como o sono, a insônia e a geriatria foram alvo de estudos da psicanálise. Na psicologia da época pós-escolas, esses pontos foram retomados e muitos deles se constituíram em verdadeiros minissistemas, e outros tantos, como o estudo da juventude, da geriatria etc., fazem parte da psicologia aplicada.

A associação de ideias, bem discutida por Aristóteles, foi, assim, como o elementismo, ponto importante de estudo em quase todos os sistemas, ora rejeitando-a, ora aceitando-a. O elementismo e a associação de ideias andaram sempre juntos, a aceitação de um implica a do outro. A associação de ideias chegou, mesmo, a constituir uma verdadeira corrente de pensamento – o associacionismo.

Ainda deve ser lembrada, aqui, a filosofia da essência, que teve como antítese a filosofia da existência. As duas são consequência da visão dualista do homem, constituído de corpo e alma. Essas tendências filosóficas marcaram e dividiram a posição educacional das diversas correntes em toda a história. A pedagogia da essência, que buscava um modelo fora do homem para que ele pudesse se ultrapassar, teve como seguidores: Aristóteles, os estoicos, a educação cristã e a tradicional, o behaviorismo e vários filósofos da Idade Média, Moderna e Contemporânea. A pedagogia da existência, em que o corpo humano é valorizado, pois constitui o meio para se adquirir a felicidade, também foi retomada em todas as épocas. Os seus representantes principais foram os epicuristas, os naturalistas e românticos, os humanistas e existencialistas, em que se destacam: Rousseau, Kierkegaard, Sartre, A. Neil, Carl Rogers etc.

O elementismo x antielementismo, a quantificação, o associacionismo, o dualismo corpo x alma, o inatismo x empirismo foram as verdadeiras raízes da psicologia, que teve a sua emancipação da filosofia, quando Wundt conseguiu, através do seu livro *Elementos de psicologia fisiológica*, sistematizar todas as tendências anteriores, num único tronco. Esse fato foi consumado com a criação do seu laboratório e pela utilização sistemática do método científico.

O século XX foi testemunha das ramificações da psicologia em escolas. Cada escola reunia um grupo de tendências e formava um sistema fechado. As cinco escolas ou sistemas mais definidos foram: *o estruturalismo, o funcionalismo, o behaviorismo, a gestalt e a psicanálise.* Dentre estas, a psicanálise foi a que se enveredou por um caminho até então desconhecido, pois teve como objeto de estudo a parte doentia da mente. O estruturalismo, enquanto analisou a estrutura mental, foi pouco prático e teve poucos adeptos. Em contraposição, vem o funcionalismo, que foi o símbolo do pragmatismo. Sua questão era saber "para que serve". O behaviorismo, de tendência materialista, dedicou-se ao estudo da conduta humana, ou seja, do comportamento. Foi uma psicologia aplicada e, portanto, mais prática. Perdurou por mais tempo. A gestalt representa a antítese do elementismo e do associacionismo e, por isso, é contra as escolas estruturalista e behaviorista. Prega a visão globalizada, totalizada da percepção. Continua exercendo influência nos mais diversos ramos de atividade. A dinâmica de grupo é uma herança da gestalt.

Com o decorrer do tempo, a psicologia se tornou uma árvore muito frondosa. As escolas haviam diversificado, de tal forma, os conteúdos de suas pesquisas, que se tornou impossível manter toda essa variedade de conhecimento, em grandes sistemas fechados. Esse foi um dos motivos de sua desagregação no final da primeira metade do século XX, no entanto, as escolas lançaram as suas sementes. É necessário ressaltar, aqui, que as cinco escolas psicológicas não resumem todas as tendências da psicologia na época. Ao seu lado, surgiam outras linhas paralelas de estudo. Toda esta diversidade veio caracterizar a psicologia das últimas décadas.

Nos tempos atuais, podem-se distinguir pelo menos três linhas no estudo do objeto da psicologia: uma geral, uma aplicada e uma comparada. A psicologia geral se detém nos aspectos universais dos fenômenos psíquicos, nos aspectos comuns a todos, sem se deter nas particularidades de cada existência ou de cada grupo. Estuda a inteligência, por exemplo, abstraída de individualização, sem personificar reações. É a inteligência da humanidade e não de tal indivíduo. É, assim, mais teórica e mais pura em oposição à aplicada. Seu campo de atuação é vasto e fornece subsídios tanto para a psicologia aplicada, quanto para a comparada. A psicologia geral, no entanto, tem adeptos e adversários, o espírito democrático dos dias atuais admite qualquer tipo de estudo.

A psicologia aplicada se detém, pelo contrário, em apreciar os aspectos concretos e particulares em determinados casos ou circunstâncias ou áreas, e seria uma tecnologia que se apoia nos princípios, nas leis da ciência psicológica, que lhe dá sustentação. A psicologia aplicada tem uma vasta área de aplicabilidade. Ela pode ser usada em todos os ramos da vida. Reconhecem-se como as suas principais áreas a psicologia escolar, a industrial, a clínica, a militar, a desportiva, a social, a diferencial, etnológica, jurídica, evolutiva etc. Cada uma dessas áreas engloba uma diversidade de correntes e de minissistemas, que faz da psicologia uma ciência bem ampla e complexa. Para se ater apenas a um exemplo, ressalta-se a psicologia escolar. É a psicologia utilizada nas escolas. Tem como objetivo a prevenção, avaliação e orientação de problemas de aprendizagem e de ajustamento escolar, segundo Maria Helena Novais Mira. Para isso, conta com os psicólogos escolares, que, em alguns casos, são também clínicos. Sem falar na sua tarefa com o ajustamento global do escolar, cabe a estes, juntamente com o corpo docente da escola, a escolha da linha de psicologia da aprendizagem que será adotada no estabelecimento. Sabe-se que são muitas as correntes da psicologia da aprendizagem na atualidade. Pode-se citar a linha tradicional, a não diretiva, representada por Carl Rogers, A. Neil e os humanistas de modo geral; o ensino libertário de Paulo Freire, também visto como sócio-cultural; o ensino por descoberta, que traz os nomes de J. Bruner, Ausubel e Gagné; a linha comportamentalista, sendo Skinner um de seus expoentes. Esta corrente influenciou o aparecimento do ensino personalizado, "Sistema Personalizado de Instrução" (SPI); a linha cognitivista, cujo protagonista foi Jean Piaget. Sem citar todas as correntes, pode-se perceber como o panorama da psicologia da aprendizagem é variado. Para completar recebe, ainda, a influência dos avanços da estatística, da biologia, da linguística, da psicopatologia, e recebe, ainda, a influência dos modelos matemáticos, da engenharia e da cibernética, que traz a automação e o processamento de dados para a máquina de ensinar. Diante de todo esse emaranhado, não é fácil para os pedagogos e psicólogos educacionais se situarem.

A outra linha de estudo da psicologia é a comparada. No início, ela foi identificada como psicologia animal, pois buscava os pontos comuns e divergentes entre os homens e os animais. Hoje, avançou em todas as áreas e estuda comparativamente todos os ramos e fenômenos. Compara homens e animais, homens e homens, homens e máquinas, raças, idades, sexos etc.

Apenas como destaque, pois faz parte da psicologia clínica, é relevante lembrar a psicologia de grupo ou dinâmica de grupo, herança da gestalt e que constitui uma ala de interesse e de grande utilização no momento. É uma técnica que é usada para melhorar o relacionamento dos diversos membros de um grupo. Serve, também, para facilitar a discussão de problemas nas empresas, nas escolas, na família etc., o que, fora de uma dinâmica de grupo, seria difícil e complicado.

Em síntese, a psicologia de hoje se caracteriza pela abertura e democratização do seu sistema global, o que gerou a enorme diversidade de interesse, de pesquisa, a multiplicidade de correntes, compondo um painel de minissistemas. O uso do método científico constitui parte integrante de suas atividades, o que comprova sua identidade como ciência.

Nas últimas décadas, a psicologia contou com mais uma conquista, que foi o reconhecimento profissional dos psicólogos, e, assim, entrou na era do profissionalismo. Até então, os estudiosos da psicologia eram filósofos, físicos, matemáticos, médicos, fisiólogos, químicos etc. Com os especialistas no assunto, ela tem progredido rapidamente. Hoje é comum, nas escolas, nas indústrias e em áreas do comércio, do desporto etc., contar com um departamento de psicologia, responsável pela aplicação de testes de aptidão, pela orientação e ajustamento do grupo. A psicologia está presente em todos os ramos da sociedade e tornou-se parte integrante e imprescindível da vida moderna. A era do profissionalismo trouxe a era da especialização e os campos de atuação do psicólogo são, hoje, mais concretos e específicos.

A psicologia, em um século de existência como ciência autônoma, teve um acelerado desenvolvimento. Um dos motores desse crescimento foi, sem dúvida, a Associação Psicológica Americana. Ela foi fundada, em 1892, por Stanley Hall, com o objetivo de fazer progredir a psicologia como ciência e tem cumprido bem essa missão. Seus sócios são aqueles que trabalham com esse fim e são em número crescente: projetam-se para o início do século XXI mais de um milhão de associados. Para atingir seus objetivos, a APA subsidia estudos, pesquisas, experimentos; promove convenções, congressos, seminários, debates em geral; publica tudo o que seja de interesse da área, mostrando a enorme diversidade de trabalhos realizados por psicólogos, não só dos Estados Unidos, mas da literatura psicológica mundial, congregando tudo o que a psicologia produziu e está produzindo. Para isso, possui os seus veículos próprios de comunicação, como jornais, periódicos etc. A psicologia tem nessa Associação um cérebro e um coração, e é graças a ela que os Estados Unidos se conservam como o grande centro de desenvolvimento da psicologia.

Outras associações semelhantes a essa foram e estão sendo criadas em todos os países, tanto para incentivar o desenvolvimento da psicologia, como para formar uma consciência de classe dos profissionais da área.

RAÍZES DA PSICOLOGIA - QUADRO SINTÉTICO

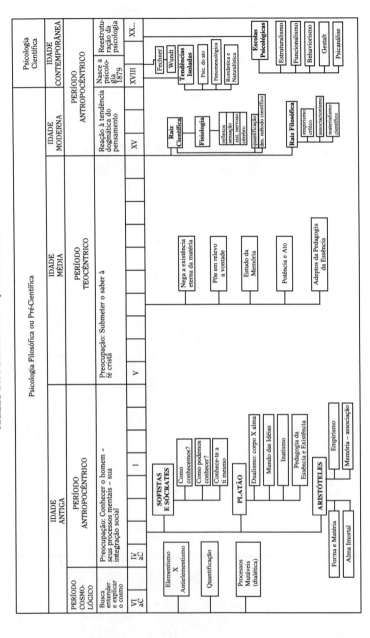

REFERÊNCIAS

AMAR, André. "Historique". In: *La psychologie modèrne de A a Z*. Paris: [s.e.], 1971.

BECHER, Idel. *Pequena história da civilização ocidental*. São Paulo: Cia. Ed. Nacional, 1970.

BIGGE, Morris L. *Teorias da aprendizagem para professores*. São Paulo: EPU, ed. da Universidade de São Paulo, 1977 [Tradução: José Augusto da Silva Pontes Neto e Marcos Antônio Rolfini].

BURNS, Edward McNall. *História da civilização ocidental*. Porto Alegre: Globo, 1968.

CAPARRÓS, Antônio. *História da psicologia*. Barcelona, Espanha: Ediciones CEAC, S.A., 1980 [Tradução: Dra. Maria de Lurdes Aragão].

CREMA, Roberto. *Introdução à visão holística*. São Paulo: Summus Editora, 1988.

DILTHEY, Wilhelm. *Historia de la pedagogía*. Buenos Aires: Argentina, 1942 [Tradução espanhola de L. Luzuriaga].

ESTEVAM, Carlos. *Freud – vida e obra*. Rio de Janeiro: José Álvaro Editora S.A., 1967.

FARIA, Wilson de. *Teorias de ensino e planejamento pedagógico*. São Paulo: EPU, 1987.

FONDA, Enio Aloísio. "Origens epicuristas do ateísmo ocidental". *Revista de Letras*. Assis, vol. 10, 1967.

FRAISSE, Paul & PIAGET, Jean. *Tratado de psicologia experimental*. Rio de Janeiro: Cia. Editora Forense, 1968.

GAGNÉ, Robert. *Princípios essenciais da aprendizagem para o ensino*. Porto Alegre: Globo, 1980 [Trad. de Rute Vivian Angelo].

HEIDBREDER, Edna. *Psicologias do século XX*. 5. ed. São Paulo: Mestre Jou, 1981 [Tradução da 5. ed.: Laura S. Blandy].

HOBBES, Tomas de Malmesbury. *Leviatã ou matéria, forma e poder de um estado eclesiástico e civil*. 2. ed. São Paulo: Abril Cultural, 1979. Col. Os Pensadores [Trad. de João Paulo Monteiro e Maria Beatriz Nizza da Silva].

HORNEY, Karen. *A personalidade neurótica do nosso tempo*. São Paulo: Civilização Brasileira, 1959 [Trad. de Otávio Alves Velho].

HUBERT, René. *História da pedagogia*. 2. ed. refundida. São Paulo: Editora Nacional, 1967 [Tradução: Luís Damasco Penna e J.B. Damasco Penna].

JAEGER, Werner. *Paideia*. A formação do homem grego. Editorial Aster Ltda. Lisboa-Portugal. São Paulo: Ed. Herder, 1936 [Tradução: Artur M. Parreira].

KATZ, David. *Psicología de la forma*. Madri: Morata, 1954.

KOFFKA, Kurt. *Princípios da psicologia da gestalt*. São Paulo: Cultrix, Ed. da USP, 1975.

KÖHLER, Wolfgang; KOFFKA, Kurt & SANDER, F. *Psicología de la forma*. Buenos Aires: Paidós, 1963.

KÖHLER, Wolfgang. *Psicologia da gestalt*. Belo Horizonte: Itatiaia, 1968.

LARROYO, Francisco. *História geral da pedagogia*. 10. ed. aumentada. São Paulo: Editora Mestre Jou, 1970 [Tradução: Luís Aparecido Caruso].

LEIBNIZ, Gottfried Wilhelm. *Novos ensaios sobre entendimento humano*. São Paulo: Abril Cultural, 1980. Coleção Os Pensadores [Tradução: Luiz João Baraúna].

LEWIN, Kurt. *Problemas da dinâmica de grupo*. São Paulo: Cultrix, 1973.

_____. Teoria de campo em ciências sociais. São Paulo: Pioneira, 1965.

LURIA, Alexander R. *Curso de psicologia geral*. Rio de Janeiro: Ed. Civilização Brasileira S.A. 1979. III V [Tradução: Paulo Bezerra].

MADRE, Cristina Maria. *Psicologia científica geral*. 3. ed. ampliada. Rio de Janeiro: Livraria Agir Editora, 1962.

MARROU, Henri Irinée. *História da educação na Antiguidade*. São Paulo: Ed. Herder, 1966 [Tradução: Mário Leônidas Casanova].

MIZUKAMI, Maria da Graça Nicoletti. *Ensino*: As abordagens do processo. São Paulo: EPU, 1986.

MONROE, Paul. *História da educação*. 7. ed. São Paulo: Ed. Nacional, 1968 [Tradução: Idel Becker e Teresinha O. Garcia].

MOURA, Carlos Alberto Ribeiro de. *Crítica da razão na fenomenologia*. São Paulo: Nova Stella, Edusp, 1989.

MUELLER, Fernand Lucien. *História da psicologia*. Lisboa: Mem Martins e Publicações Europa-América, 1979.

MURPHY, Gardner. *Historical Introduction to Modern Psychology*. Nova York, Rev. ed., 1949.

NACHT, Sacha. *La psychanalyse d'aujourd'hui*. 2. vol. Paris: [s.e.], 1956.

PATTO, Maria Helena Souza. *Introdução à psicologia escolar*. São Paulo: T.A. Queiroz Editor Ltda., 1986 [Organizadora: Maria Helena Patto].

PERNOUD, Régine. *Pour en finir avec le Moyen Age*. Paris: Seuil, 1977.

PEROMM Neto, Samuel. "O desenvolvimento de sistemas de ensino e treinamento e a instrução programada". *Revista de Pedagogia*, São Paulo: [s.e.], 1966.

REUCHLIN, Maurice. *Historia de la psicología*. 2. ed. Buenos Aires: Paidos, 1964.

RUBINSTEIN, Sergy Leonidovitch. *Princípios de psicologia geral*. Lisboa: Editorial Estampa, 1977.

RUSSELL, Bertrand. *História da filosofia ocidental*. São Paulo: Cia. Editora Nacional, 1967.

SIDOROV, Marten Mihailovich. *A evolução do pensamento humano*. Lisboa: Editorial Presença.

SUCHODOLSKI, Bogdam. *A pedagogia e as grandes correntes filosóficas*. Lisboa, Portugal: Livros Horizonte Ltda. 1984 [Tradução: Liliana Rombert Soeiro].

SZASZ, Thomas S. *A ética da psicanálise*. Rio de Janeiro: Zahar, 1975.

THALHEIMER, August. *Introducción al materialismo dialéctico*. Buenos Aires: Ed. Claridad, 1962.

ULLMANN, Reinholdo Aloysio. *Epicuro*: O filósofo da alegria. Porto Alegre: Edipucrs, 1989.

VALENTE, Milton Luis. *A ética em Cícero*. Caxias do Sul/Porto Alegre: Educs, 1984.

VIANNA, Sylvio Barata. *Sobre o epicurismo e suas origens*. Belo Horizonte: Kriterion, 1965.

WATSON, Robert I. *The great Psychologists: from Aristotle to Freud*. 2. ed. Piladélfia: Lippincott, 1968.

WEIL, Pierre. *A neurose do Paraíso Perdido*. Rio de Janeiro: Espaço e Tempo: CEPA, 1987 [Trad. de Áurea de I. Simil Cordeiro].

WERTHEIMER, Michael. *Pequena história da psicologia*. 7. ed. São Paulo: Ed. Nacional, 1985 [Tradução: Lólio Lourenço de Oliveira].

PSICOLOGIA SOCIAL

Confira outros títulos da coleção em livrariavozes.com.br/colecoes/psicologia-social ou pelo Qr Code

Conecte-se conosco:

 facebook.com/editoravozes

 @editoravozes

 @editora_vozes

 youtube.com/editoravozes

 +55 24 2233-9033

www.vozes.com.br

Conheça nossas lojas:

www.livrariavozes.com.br

Belo Horizonte – Brasília – Campinas – Cuiabá – Curitiba
Fortaleza – Juiz de Fora – Petrópolis – Recife – São Paulo

  Vozes de Bolso

EDITORA VOZES LTDA.
Rua Frei Luís, 100 – Centro – Cep 25689-900 – Petrópolis, RJ
Tel.: (24) 2233-9000 – E-mail: vendas@vozes.com.br